Hsin Tao

Ratziel Bander

Hsin Tao

Der sanfteste Weg zu Gesundheit und langem Leben

Aus dem Englischen von Heinrich Hauck

Lotos

*In tiefer Ehrfurcht
zu den Füßen des Sri Sathya Sai Baba
und des erhabenen Stammbaums
von Ho Lo*

Lotos Verlag
Lotos ist ein Verlag der Verlagsgruppe
Random House GmbH

ISBN 3-7787-8158-8

Einbandgestaltung: HildenDesign, München
Gesetzt aus der Minion bei HildenDesign, München – Andrea Barth
Druck und Bindung: Bercker, Kevelaer

Inhalt

Zur Beachtung

Dieses Buch soll den direkten Unterricht durch einen autorisierten Lehrer des Hsin Tao ergänzen und als zusätzlicher Ratgeber für dieses Training dienen. Wer diese Techniken auf der Grundlage dieses Buchs lernen und anwenden möchte, tut dies gänzlich auf eigene Verantwortung.

Wer diese Techniken lernen und üben möchte, dem wird geraten, das unter Anleitung eines autorisierten und erfahrenen Lehrers zu tun. Dieser sollte das Hsin-Tao-Emblem tragen, um nachzuweisen, dass er zu gründlicher Unterweisung, Analyse und Methodik fähig ist.

Es liegt nicht in der Absicht des Autors oder des Verlags, dass die hier dargestellten Techniken und Methoden als Ersatz für ärztliche Behandlung oder medizinische Verfahren benutzt werden. Sie sind keine Form medizinischer Diagnose oder Therapie.

Wer an Beschwerden leidet, die auf mentale oder emotionale Störungen zurückzuführen sind, sollte einen geeigneten Arzt, Heilpraktiker oder Therapeuten konsultieren, der diese Probleme und Beschwerden zu beheben hilft, bevor er mit dem Training des Hsin Tao beginnt. Wenn die Symptome bestehen bleiben, sollte man sich medizinisch untersuchen und behandeln lassen.

Folgen Sie den Anweisungen für die einzelnen Übungen sorgfältig. Achten Sie dabei auch ganz besonders auf Hinweise und warnende Empfehlungen. Wer diese Techniken für sich selbst ausführt, ohne sich genau an die Anweisungen, Erläuterungen und Warnungen des Autors zu halten, tut dies ausschließlich auf eigenes Risiko.

Weder der Autor noch der Verlag sind für die Folgen, die aus der praktischen Anwendung oder dem Missbrauch der in diesem Buch enthaltenen Informationen entstehen könnten, verantwortlich und können dafür auch nicht verantwortlich gemacht werden.

Teil 1 – Die Basis

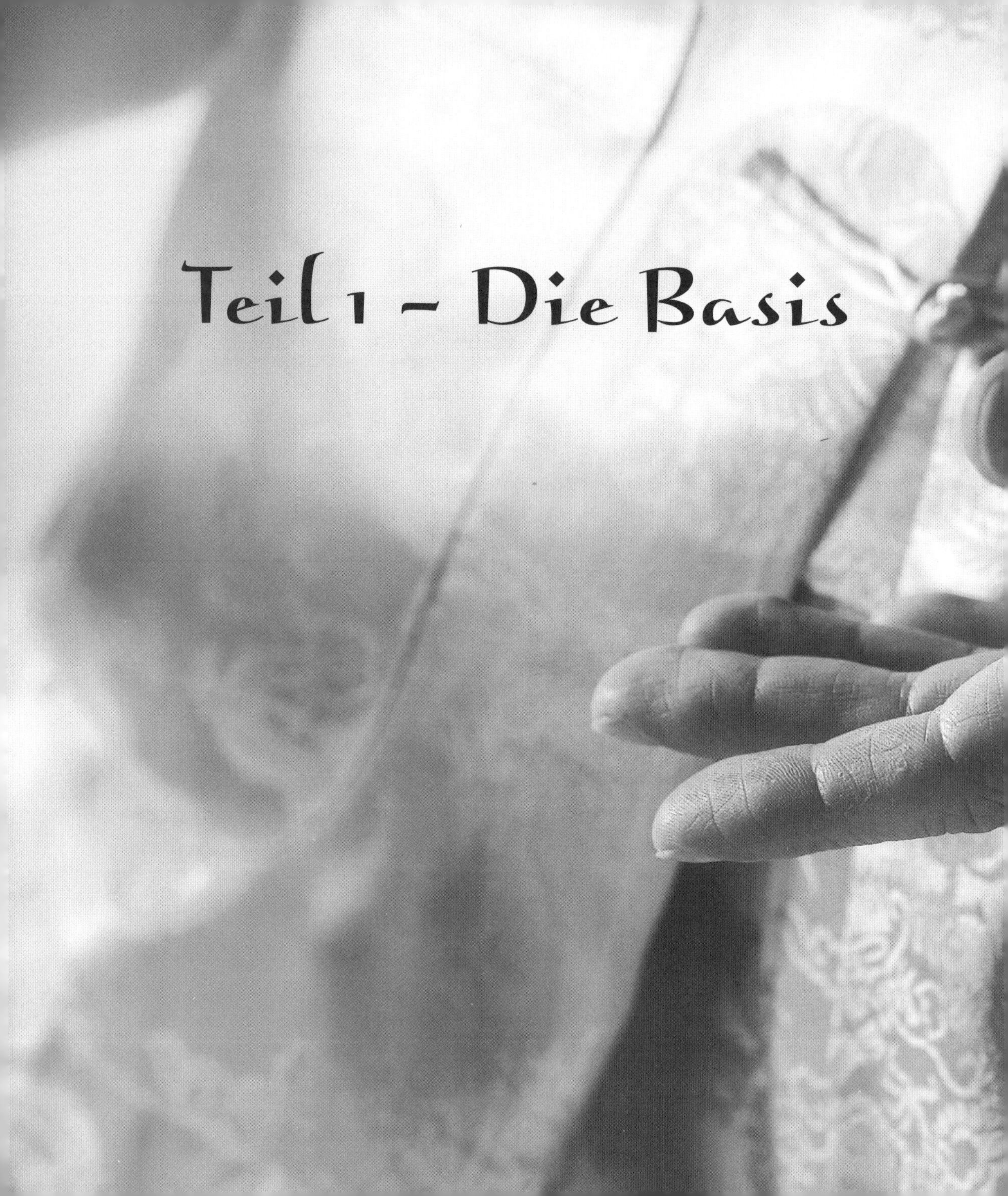

»… ich rief, und mir kam der Geist der Weisheit … Es kam mir aber alles Gute mit ihr, und unzähliger Reichtum in ihrer Hand. Ich war in allen Dingen fröhlich. Das macht, die Weisheit ging mir darin vor; ich wußte es aber nicht, daß solches von ihr käme.«

Weisheit Salomos 7, 7–12

1. Die Gabe

Mir war, als wäre ich durch einen juwelengeschmückten Garten spaziert und mir wäre aus dem Nichts heraus der kostbarste Edelstein von allen geschenkt worden. Dieser Schatz war nicht nur vollkommen, einzigartig und von überirdischem Wert, er sollte auch für immer mein sein.

Die Wirklichkeit hatte sich in einen Traum verwandelt, denn als ich diese Gabe betrachtete, erkannte ich, dass sie ihr eigenes Leben besaß. Umgeben von einer mysteriösen Energie, von Weisheit und von Schutzgeistern erforderte sie meine volle Aufmerksamkeit, meinen vollen Schutz und meine nährende Fürsorge. Mehr noch, als ich fortfuhr, meine Energien auf dieses unbezahlbare Juwel auszurichten, begann es, jeden Teil von mir zu heilen und anderen Menschen in einer Weise zu helfen, wie ich sie mir niemals erträumt hätte. Dieses lebendige Kunstwerk begann, jedes Atom meines Wesens zu erfüllen, in jede Zelle einzudringen und alles zu verwandeln, was es berührte. Der »Weg der Götter« war wahrlich die Gnade Gottes, die mich hier auf Erden heimsuchte.

2. Mein Gebet

Es begann alles eines Tages, als ich in meinem Schreinraum saß, um zu meditieren. Ich war von den körperlichen und emotionalen Torturen erschöpft, durch die ich mich fast acht Jahre lang ständig hatte durchkämpfen müssen. Inzwischen war ich sogar außer Stande, mehr als zehn Minuten in Meditation zu sitzen, ohne meinem Körper zu schaden. Zum Glück hatte ich in meinem Leben so viel meditiert, dass ich nur einige Sekunden brauchte, um meinen Geist in tiefe Versenkung zu führen.

So saß ich da, in eine Art von vorübergehendem Glücksgefühl versunken, als mir ein Gebet über die Lippen kam: »Lieber Gott«, flüsterte ich, »es muss doch irgendeine Übung für mich geben, die mir hilft, mich zu heilen, oder die wenigstens dazu beiträgt, dass es mir auf Dauer besser geht und ich weniger Schmerzen habe. Etwas so Sanftes, dass es mich nicht verletzt, aber auch so Wirkungsvolles, dass es zu deutlichen Ergebnissen führt. Bitte, lieber Gott, schick mir Hilfe! Lass mich jetzt nicht im Stich. Habe ich mich nicht die ganze Zeit in allen Dingen auf dich verlassen? Bist du nicht stets mein Licht und meine Liebe gewesen? Wäre es nicht eine Schande, mich einen schmählichen, unwürdigen Tod sterben zu lassen, wo ich doch mein Leben lang dein Liebhaber gewesen bin? Schick mir deine Hilfe, wenn es möglich ist, lieber Herr! Lass mich jetzt nicht im Stich …«

Zwei Wochen später begann das Wunder.

3. Das Angebot

Ich hatte gerade mein Gespräch mit einem chinesischen Doktor in einer Tagesklinik beendet. Dieser Mann war Großmeister des Taijiquan und anderer Kampfkünste einschließlich chinesischer Schwertkunst und Qigong. Er wohnte schon etwa dreißig Jahre lang in meinem Heimatort in Australien, und ich kannte ihn flüchtig seit ungefähr fünfundzwanzig Jahren. Das Krankenhaus hatte ihm eine Art Ehrendoktorwürde verliehen, weil er der maßgebliche lokale Experte für Akupunktur und Kräuterheilkunde war.

Wir hatten gerade aufgehört, darüber zu diskutieren, ob er mir bestimmte Kräuter verordnen sollte oder nicht. Ich hatte vermutlich einen Tumor in der Lunge und weigerte mich, weitere Untersuchungen durchführen zu lassen. In erster Linie war ich in seine Sprechstunde gegangen, um mir ein chinesisches Kräuterrezept für meine Beschwerden zu holen, obwohl er mir klar zu machen versuchte, dass er unter den gegebenen Umständen Heilkräuter nicht für geeignet hielt. Doch da ich extrem eigensinnig war, hatte ich den Streit gewonnen, und nun schrieb er mir ein Kräuterrezept.

Es war ihm bekannt, dass ich viele Jahre lang mit geringem Erfolg gegen ein Postpoliosyndrom (PPS) gekämpft hatte, aber ich hatte ihn nie wirklich um seine Hilfe gebeten. Tatsächlich hatte er nie viel Interesse an meinem PPS oder an irgendeinem anderen meiner Leiden gezeigt. Er schien in sich selbst immer viel zu glücklich zu sein, um sich um die Leiden anderer Leute zu kümmern.

Doch als er an diesem Tag sein Rezept fertig geschrieben hatte, drehte er sich um und sagte mit seinem rätselhaften chinesischen Akzent zu mir: »Ich kenne eine Technik, die viele Jahre lang geheim gehalten wurde. In den letzten zwei Wochen kam mir der Gedanke, dass ich zu den Leuten in den Bergen gehen sollte, um sie ihnen zu zeigen. Mit dieser Technik können Sie alles heilen. Sie leben doch jetzt in den Bergen, nicht wahr?«

Ich war ziemlich perplex, aber es gelang mir, ein skeptisches »Ja« zu murmeln.

»Es ist eine ganz einfache Technik«, fuhr er fort. »Lassen Sie sie mich Ihnen zeigen. Sind Sie interessiert?«

»Ah … ja … ja, natürlich.« Ich hatte unsere Auseinandersetzung schon vergessen und fühlte mich irgendwie benebelt. Sein Angebot hatte mich völlig überrascht.

Auf seinem Stuhl sitzend begann er eine Reihe von Armbewegungen auszuführen, die von bewusster Atmung begleitet wurden, ähnlich den Atemtechniken in den östlichen Kampfkünsten. Er war sehr entspannt, und die Bewegungen waren sehr sanft. Doch konnte ich spüren, wie Wärme von seinem Bauch ausging. Ein Energiefeld schien aus seinem Zentrum auszustrahlen, mich zu berühren und mir ein Gefühl von Frieden und Stille zu bringen, das den Empfindungen glich, die ich aus tiefer Meditation kannte.

Auf diese Weise machte er einige Minuten lang weiter. Doch ich war bereits tief beeindruckt von der Vorstellung, dass diese Art von Übungen bestimmt so sanft wären, dass ich sie praktizieren könnte, ohne mir zu schaden. Und selbst wenn sie nur halb so wirksam wären, wie er voller Stolz behauptete hatte, dann könnte das die Antwort auf mein Gebet sein.

»Sehen Sie?«, strahlte er, »es ist ganz einfach.« Er betonte dies, als ob es ihm wirklich Vergnügen bereitete.

»Es macht mich heiß, heiß. Sehen Sie?« Seine Hand wischte den unsichtbaren Schweiß von seiner Stirn ab.

»Und dann ...« Mit geschlossenen Augen stehend begann er, sich in einer Art von freiem Tanz zu bewegen und hin und her zu schwanken, die Füße fest im Boden verwurzelt. Was er da machte, ergab keinen Sinn, und es war längst nicht so elegant wie seine vorherige Demonstration. Es sah eher so aus, als ob er herumalbern würde.

»Sehen Sie?« Was er da machte, schien ihn ungeheuer zu erregen.

»Wenn Sie die Technik beherrschen, beginnt sich der Körper auf seine eigene Art und Weise zu bewegen, um sich mit perfekter Genauigkeit zu heilen. Sehen Sie?« Nun ja, auch wenn ich es damals nicht so ganz sah, er machte auf jeden Fall unbeirrt weiter.

»Die ganze Sache ist sehr kraftvoll, um den Körper zu erneuern, den Geist zu beruhigen und sich selbst zu heilen. Sie können es tun!«, meinte er grinsend.

Während der nächsten zwei Jahre kam der Großmeister »in die Berge« zu mir nach Hause und zeigte mir eine Technik, die mich durch ihre Leichtigkeit und ihre Wirkungen in Erstaunen versetzte. Um diese geheime Übung tatsächlich zu lernen, brauchte man nicht fit oder kräftig zu sein, sich nicht zu dehnen und auch überhaupt nicht sportlich interessiert oder veranlagt zu sein. Es war tatsächlich mit nichts zu vergleichen, was ich jemals gelernt hatte.

Nach der ersten Lektion war ich überzeugt, dass er mir lediglich eine andere Art von normalen Übungen im chinesischen Stil gezeigt hätte, begleitet von äußerst ehrgeizigen Versprechungen und verlockenden Hoffnungen. Sehr schnell merkte ich jedoch, dass ich es hier mit etwas Einzigartigem und Besonderem zu tun hatte. Innerhalb der ersten zwei Wochen begann ich zu verstehen, wie privilegiert ich war, weil ich etwas lernen durfte, das mehr als 1400 Jahre zu Recht als Geheimlehre geschätzt und geschützt worden war. Nun wurde mir dieses Geheimnis hier in meiner kleinen Berghütte in aller Offenheit und im Geist der Freigebigkeit übertragen, ohne dass irgendwelche Bedingungen daran geknüpft waren. Ich lernte nicht nur mich selbst zu heilen, sondern auch diese Technik aus ihren elitären Grenzen zu befreien. Wie der Großmeister erklärt hatte, als er mir zum ersten Mal in der Klinik davon erzählt hatte: »Ich denke, dass es nun an der Zeit ist, sie nicht länger geheim zu halten. Sie könnte vielen Leuten helfen. Verstehst du?«

4. Meine Geschichte

Einen Monat nach der obligatorischen Polioimpfung bekam ich im Alter von fünf Jahren einen der schlimmsten Anfälle von Poliomyelitis, die je in Australien registriert wurden. Ich wurde vom Kopf bis zu den Zehen gelähmt und galt als hoffnungsloser Fall. Doch wie durch ein Wunder erholte ich mich wieder einigermaßen davon.

Als Teenager bemühte ich mich mit enormer Entschlossenheit um Genesung. Im Alter von vierzehn begann ich Yoga zu lernen; nach einiger Zeit und vielen Schmerzen kamen moderne Tanztechniken hinzu. Mit neunzehn war ich dann gesund und kräftig. Zwar hatte ich noch immer mit einem ungewöhnlichen Maß an Schmerzen und Depressionen zu kämpfen, aber im Allgemeinen funktionierte ich nahezu perfekt.

Über fünfundzwanzig Jahre sollten vergehen, bis die wirklichen Probleme mit der Poliomyelitis begannen. Um mich von der anfänglichen Krankheit zu erholen, hatte ich so hart an meinem Körper gearbeitet, dass Mitte dreißig eine ganze neue Reihe von Degenerationserscheinungen auftraten. Weil sie völlig unerwartet kamen, waren sie viel beunruhigender als die tatsächliche Poliomyelitis. Erst nach vier Jahren mit schmerzhaften Verfallssymptomen waren die Ärzte in der Lage, bei mir ein »Postpoliosyndrom« zu diagnostizieren.

Im Alter von dreiundvierzig waren meine Beschwerden wirklich ernst. Obwohl die spirituellen Praktiken, die ich seit dem vierzehnten Lebensjahr ausübte, mich einigermaßen beruhigten, trugen sie nicht dazu bei, den körperlichen Verfall aufzuhalten. Die Bemühungen eines ganzen Heeres von Gesundheitsexperten hatten meinen Zustand nur verschlimmert. Jede Form von schulmedizinischer Behandlung – und sei es nur eine Aspirin-Tablette – hatte katastrophale Nebenwirkungen. Das Einzige, was mein Leben etwas erträglicher machte, war das so genannte Schmerzmanagement. Während andere sich vielleicht ihrem Ärger und ihrer Frustration völlig überlassen würden, bewahrte ich dank meines spirituellen Hintergrunds selbst in den schlimmsten Momenten der Krise ein gewisses Maß an innerer Distanz.

Während meiner beruflichen Laufbahn hatte ich Tänzer, Schauspieler und Sänger in korrektiver Übung und Atmung ausgebildet. Ich hatte Yoga, Meditation und Bewegung unterrichtet. Als Erwachsener machte ich Ausbildungen in Taijiquan, Qigong, Tantra und anderen weniger bekannten Disziplinen. In jenen letzten Jahren half mir nichts von meinem Wissen, um das Syndrom einzudämmen. Sogar die sanfteste Yogastellung war zu anstrengend und verursachte unweigerlich weiteren Schaden.

Meine Muskeln zuckten unaufhörlich, und ständig schmerzte irgendein Körperteil. Ich war so schwach, dass ich Schwierigkeiten hatte, mir die Zähne zu putzen. Ein Buch hochzuhalten, während ich im Bett lag, war bereits ein größeres und sogar oft ziemlich schmerzhaftes Unterfangen. Ich konnte weder länger als zehn Minuten am Stück sitzen noch länger stehen. Zwanzig Minuten gehen zu können bedeutete für mich, dass ich einen guten Tag hatte.

Ich hatte längst die Fähigkeit verloren, auf dem Rücken zu liegen, ohne unter qualvollen Schmerzen zu leiden. Grippe und Erkältungen waren meine ständigen Begleiter, und ich litt unter Prostata-, Harnwegs- und Blasenbeschwerden. Wenn ich ejakulierte, wurde ich anschließend von einem heftigen Anfall unangenehmer Symptome heimgesucht.

Am schlimmsten waren die heftigen Krämpfe, die meinen Rumpf ohne jede Vorwarnung quälten. Diese traten unregelmäßig auf und warfen mich in unbeschreiblichen Qualen zu Boden; manchmal war ich danach bis zu vier Wochen nicht in der Lage zu gehen. Am härtesten waren die Phasen, in denen ich mich noch nicht vollständig von dem letzten Anfall erholt hatte, wenn schon der nächste zuschlug, um so das ganze Debakel zu verlängern. Um diesem düsteren Bild noch einen Hauch drohenden Unheils hinzuzufügen, wurde schließlich ein Tumor in meiner Lunge entdeckt.

Kurzum, ich war ein jämmerliches Wrack, und meine Frau war zur Stoikerin geworden.

5. Göttliches Eingreifen

Nach dem ersten Tag, an dem ich Hsin Tao geübt hatte, spürte ich eine neue Art von Energie in meinem Körper, nicht so viel, dass ich nun voller Kraft gewesen wäre, aber ich fühlte mich nicht völlig ausgelaugt – ein Zustand, an den ich mich gewöhnt hatte. Von diesem Tag an besserte sich mein Befinden stetig. Innerhalb einer Woche hatte ich merklich weniger Schmerzen. Dieser Fortschritt, auch wenn er noch so gering gewesen sein mag, motivierte mich zum Weitermachen. Bis dahin hatte nichts zu derartigen Ergebnissen geführt. Nach zwei Wochen konnte ich meine Zähne mit Leichtigkeit putzen. Innerhalb von drei Wochen konnte ich ein Buch halten, ohne meine Arme übermäßig zu beanspruchen. Sechs Wochen, und ich stellte fest, dass ich, sogar ohne es zu merken, schmerzlos auf dem Rücken gelegen hatte – zum ersten Mal seit achtzehn Monaten! Diese scheinbar unbedeutenden Besserungen waren für mich kleine Wunder, die in meinem Leben zu größeren Veränderungen führten. Während es acht Jahre gedauert hatte, um in einen solchen Schwächezustand zu verfallen, hatten schon ganze drei Wochen genügt, um die Uhr zurückzudrehen.

Ich fuhr fort, ernsthaft zu üben, zweimal am Tag.

Selbst wenn ich starke Schmerzen hatte oder von einem Krampf schachmatt gesetzt wurde, schaffte ich es noch, die Übungen auszuführen, ohne mir zu schaden. Ich musste die Bewegungen dann zwar sehr klein machen, aber sie trugen dennoch weiter dazu bei, dass sich mein Befinden besserte.

Das erste Mal als ich mich nach der Erholung von einem Krampf mühsam auf die Füße stellte und die erste Übung im Stehen praktizierte, ist mir ganz unvergesslich. Ich merkte, dass ich die einfache Bewegung in Verbindung mit dem Atem immer noch schaffte, obwohl ich kaum gehen konnte. Das war eine faszinierende Erfahrung. Und obwohl ich unter schrecklichen Schmerzen litt, sobald ich versuchte zu gehen oder zu sitzen, verschwand der Schmerz während des Übens. Ich konnte es zwar lediglich etwa fünf Minuten durchhalten, aber das reichte offenbar aus.

Um diese kurze Übung zweimal am Tag zu machen, schleppte ich mich mühsam aus dem Bett – und bis zur Erholung dauerte es dann nicht die üblichen drei bis vier Wochen. In nur zwei Wochen war ich aus der Krise heraus, und das war vorher noch nie der Fall gewesen, obwohl ich immer alles Mögliche versucht hatte: von verschiedenen Übungen angefangen über Massage und Körperarbeit bis hin zu Heilkräutern und Homöopathie. Nichts hatte die Genesung beschleunigt, im Gegenteil, oft verlangsamten solche Maßnahmen die Erholung oder verursachten einen neuen Krampf.

Was mich dabei jedoch am meisten faszinierte, war das Geheimnis, warum diese Übungen überhaupt funktionierten. Ihr erstaunlichstes Merkmal ist die völlige Abwesenheit von Anstrengung. Andere Disziplinen wie Feldenkrais- oder Alexander-Technik arbeiten mit minimaler Anstrengung, aber die Hsin-Tao-Bewegungen sind an keinem Punkt annähernd so präzise, ausgefeilt oder logisch. Man muss kein Experte sein oder eng mit einem solchen zusammenarbeiten, um greifbare Ergebnisse zu erzielen. Die Besserungen zeigten sich bei mir schon nach einer einzigen Stunde des Übens mit dem Großmeister. Anschließend übte ich jeden Tag, aber ihn sah ich erst nach sechs Monaten wieder. Da war ich bereits ein anderer Mensch geworden, nachdem ich mich beim Üben irgendwie durchgemogelt hatte, indem ich mich an möglichst viele Dinge erinnerte, die ich an jenem einzigen mysteriösen Wochenende »in den Bergen« mitbekommen hatte.

Darüber hinaus überwogen die Ergebnisse den Einsatz bei weitem. Ich hatte in meinem Leben zahlreiche physische und mentale Techniken gelernt und praktiziert, aber ich hatte niemals derart positive Resultate bei so geringem Einsatz erhalten. Meine Frau und ich standen vor einem Rätsel, denn auch sie hatte die Übungen erlernt, und wir hatten beide auch noch ziemlich verschiedene Ergebnisse erzielt. Oft versuchten wir herauszufinden, wie diese fremdartigen und schönen Bewegungen funktionierten. Manchmal standen wir einfach ratlos da und empfanden tiefe Ehrfurcht.

So verbesserte sich mein körperlicher Zustand über alle Erwartungen hinaus. Sogar meine Lunge arbeitete leichter. Und das war noch nicht alles. Fast täglich wurde ich sichtlich ruhiger. Mein Verstand begann sich zu klären. Ich dachte nun vernünftiger und wurde aus einer Depression herausgeführt, die mich die meiste Zeit meines Lebens verfolgt hatte. Unter den Attacken von PPS durchlebte ich Phasen von großem Elend, von Wut und von Hoffnungslosigkeit. Oft fühlte ich mich emotional erschöpft, allein bei dem Gedanken daran, mich mit einem weiteren Tag voller Schmerz und Hilflosigkeit abfinden zu müssen.

Jetzt wurde mein Leben leichter und friedlicher. Gelegentlich gelangte ich sogar in einen Zustand der Ekstase, während ich die Übungen machte. Ganz allgemein war es nun leichter zu akzeptieren, was mit mir geschehen war und wer ich war. Ich fühlte mich nicht mehr ständig aufgeregt und wütend. Es gab viel weniger Panikanfälle. Nicht nur mein physischer Zustand veränderte sich, sondern auch meine Persönlichkeit. Diese Wandlung machte mich mehr zu dem Menschen, der ich sein wollte, und ich musste nicht mehr mit dem Gefühl leben, zwei Persönlichkeiten zu haben – eine äußerliche Person, die mit den Leuten und den alltäglichen Dingen zu tun hatte, und eine zweite innerliche, idealistische Person, die allein Gott und meine besten Freunde kannten. Nun war ich immer besser dazu fähig, meine versteckte Seite ohne Furcht oder Verlegenheit auszuleben, während ich mich offensichtlich umso mehr in Gott und seine Geheimnisse verliebte. Leicht und spontan konnte ich in mein Inneres eintauchen, ohne mich auf irgendeine Philosophie oder Religion zu stützen. Vermutlich könnte man einfach sagen, dass ich allmählich aus der Versenkung auftauchte. Das Ich, das ich aus Angst vor Verfolgung versteckt hatte, gewann an Stärke, während die alten Muster allmählich verblassten.

So erfreut ich auch über diese ganze Besserung war, ich hatte immer noch gewisse Vorbehalte. Wie weit kann man schließlich wirklich Besserung erwarten – bei einem körperlichen Zustand, für den es medizinisch keine Heilung gab, und das bei einer degenerativen Prognose? Ich begnügte mich vorläufig damit, mehr Beweglichkeit und weniger Schmerz zu erfahren. Ich kam nie auf den Gedanken, es könnte noch viel weiter gehen.

Während seines zweiten Besuchs sagte der Großmeister zu mir: »Übe dies neun Monate lang zweimal am Tag, und du wirst sehen, dass sich alles ändert.«

Ich war nie ein Fan von billigen New-Age-Methoden gewesen, die uns »eine positive Zukunft in einer einfachen Lektion« verkaufen wollen. Als ich dieses Versprechen damals hörte, war ich äußerst skeptisch.

Als meine Frau und ich ein Jahr nach unserer ersten Hsin-Tao-Lektion am Esstisch saßen und die ungeheuren Fortschritte betrachteten, die ich in dieser Zeit gemacht hatte, erinnerten wir uns an die Voraussage des Großmeisters. Rückblickend erkannten wir, dass sich nicht nur unser beider Gesundheitszustand dramatisch verbessert hatte, sondern auch unser Leben insgesamt. Das betraf nicht allein unser Inneres, denn wir fühlten uns friedlicher, körperlich stärker, widerstandsfähiger und aktiver; auch unsere Umgebung hatte sich in harmonischer und bereichernder Weise verändert. Wir konnten uns nicht erklären, wie diese Veränderung zu Stande gekommen war, aber unser Leben hatte definitiv eine glückliche Wendung genommen. Wir lebten zwar immer noch in demselben Haus, aber sonst war nichts geblieben, wie es war – so wie er es vorausgesagt hatte. Doch wie konnte eine so einfache Übung all das bewirken? Vielleicht war alles nur ein Zufall. Trotzdem war es für uns ein faszinierendes Geheimnis.

Zwei Jahre nachdem wir mit Hsin Tao begonnen hatten, hatte ich mich zu etwa achtzig Prozent erholt. Gelegentlich schüttelten mich noch Krämpfe, aber sie waren viel seltener und schwächer, und ihre Nachwirkungen hielten nur Tage statt Wochen an.

Das Unglaublichste an diesen Übungen war nach wie vor die Abwesenheit jedweder Anstrengung. Ich konnte mir einfach nicht erklären, wie und warum sie wirkten. Tatsächlich machten sie meinen Körper sehr warm, und fast in jeder Sitzung kam ich ohne wirkliche Kraftanstrengung ins Schwitzen. Sie beruhigten und erfrischten mich auch in einer Weise, die dem Gefühl nach einer intensiven Yogastunde glich – mit dem Unterschied, dass ich nur zehn bis zwanzig Minuten mühelos Hsin Tao üben musste, um das gleiche Gefühl zu erreichen, das dann den ganzen Tag anhielt. Ich konnte jedoch nicht erkennen, wie Hsin Tao so rasche und anscheinend endlose Veränderungen bewirkte.

Noch heute, fast fünf Jahre später, da ich dieses Buch schreibe, stelle ich fest, dass meine Gesundheit sich weiter verbessert. Im Alter von siebenundvierzig sollte ich eigentlich irgendeine Art von Verfall bemerken. Stattdessen fühle ich mich stärker, ruhiger, widerstandsfähiger, männlicher und aktiver als während der letzten zwölf Jahre. Die Faszination und das Geheimnis dauern an, und das Gefühl inneren Friedens wächst.

Nach zweijähriger Pause kam der Großmeister zum letzten Mal zu mir in die Berge. An diesem Tag zeigte er mir viele Dinge und erklärte mir zuletzt, dass ich nun bereit sei, allein weiterzumachen und selbst zu lehren. Obwohl ich oft Lehrer gewesen war, war ich etwas perplex und fragte mich, wie ich es anstellen sollte, eine völlig unbekannte Methode in einer Welt zu lehren, die nichts darüber wusste und mich nicht kannte. Schließlich war ich vor etwa acht Jahren in den Ruhestand versetzt worden und hatte meine einstigen wichtigen Verbindungen verloren.

Trotzdem begann ich die Methode für den westlichen Geist umzuformulieren, für den Fall, dass jemand eines Tages an den Dingen, die ich mitzuteilen hatte, interessiert wäre. Aus den Jahren, in denen ich mit Heilkräutern gearbeitet hatte, wusste ich, dass man Abendländern chinesische Heilkräuter auf andere Weise verabreichen musste als den Chinesen. Abendländern mussten andere Dosierungen über andere Zeiträume gegeben werden. Ich wusste nicht genau, warum dies so wichtig war, aber ich wusste, dass die Kräuter so besser wirkten und leichter aufgenommen wurden. Aus irgendeinem Grund kann der westliche Körper chinesische Kräuter nicht auf dieselbe Weise aufnehmen wie der chinesische.

Ich dachte mir, diese Übungen wären in der Tat eine Art von Medizin, die den Abendländern ebenfalls in einer bestimmten Dosierung verabreicht werden sollte. Sicher war ich der einzige unter den Schülern des Großmeisters, der sich diese Techniken so schnell und mühelos angeeignet hatte. Dies war wohl der Grund für seinen Wunsch, dass ich Hsin Tao verbreitete. Jetzt stand ich vor der Herausforderung, diese Technik dem gewöhnlichen westlichen Verstand und Körper zugänglich zu machen. Der Großmeister konnte mir dabei nicht helfen. Er war mit anderen Projekten beschäftigt und zeigte kein Interesse an dieser Aufgabe. Es war klar, dass es an mir war, diese Sache weiterzuentwickeln. Er hatte mir die Technik gegeben; ich hatte die Übertragung verstanden und erhalten; seine Aufgabe war erledigt: »Ich gab dir diese Techniken, jetzt ist es an dir.«

Während ich die Bewegungen mit absoluter Authentizität bewahrte, entwickelte ich eine Methodik, die den Lernenden unterstützte und ermutigte und ihm die nötigen Erklärungen zur physischen und psychologischen Essenz dieser Arbeit vermittelte. Dies war natürlich das Gegenteil dessen, wie ich unterrichtet worden war – nach dem Motto: »Kapier es jetzt oder nie!« Mit diesem Ansatz, der sich durch eine gewisse Trockenheit und einen Mangel an menschlicher Anteilnahme auszeichnete, sollten ernsthafte Schüler von jenen ausgesondert werden, welche die Härten einer selbst auferlegten Disziplin weniger gut ertragen konnten.

Eines Tages, als ich dem Großmeister meine westlich geprägte Sichtweise der Übungen beschrieb, fragte er mich augenzwinkernd: »Wie kommt es, dass du so viel weißt?« Ich erwiderte, dass er ein ausgezeichneter Lehrer sein müsse, und nahm sein Einverständnis als weitere Bestätigung seiner Aufforderung, in die Welt hinauszugehen und zu lehren. Ich fühlte mich bereit, und doch wusste ich nicht so recht, wie ich dieses neue und sich ständig vertiefende Wissen anderen weitergeben sollte.

Als ein bekanntes Medium mir mitteilte, dass eine große Aufgabe auf mich zukäme und ich von Amerika ausgehend in allen Teilen der Welt lehren würde, konnte ich nur lachen. Ich stellte mir vor, wie ich, ein australischer Provinzler, in den großen USA, wo mich keine Menschenseele kannte, aus dem Flugzeug aussteigen und, ohne ein besonderes Publikum anzusprechen, verkünden würde, dass ich gekommen wäre, um Hsin Tao zu lehren. Schon die bloße Vorstellung war lächerlich. Es war der Stoff für wilde Phantasien, und die Aussicht war zu entmutigend, um sie überhaupt in Erwägung zu ziehen. Ich übte einfach still für mich weiter, indem ich mich mehr und mehr auf die unsichtbaren heilenden Energien verließ, die in meinem Innern aufstiegen, und gab mir die Freiheit, ich selbst zu sein.

Ein paar Monate später begann die Reise wie ein Wirbelwind.

6. Die Reise beginnt

Zuerst wurde ich nach Bali eingeladen. Dort, im abgelegenen Hügelland, enthüllte mir ein Orakel von Sathya Sai Baba die ganze zukünftige Geschichte. »Du wirst die Welt bereisen, deine Erfahrungen weitergeben und den Menschen Frieden bringen.« Im Licht dieser Vorhersage ist es interessant, dass das allgemeinste Feedback, das ich beim Unterricht von Hsin Tao von den Übenden bekomme, das Gefühl des andauernden Friedens ist. Dies scheint für die meisten Schüler zu gelten, unabhängig davon, ob sie dynamische Manager oder Meditierende sind. Das Erste, was alle Praktizierenden zu berühren scheint, ist ein Gefühl der Ruhe, die zu innerem Frieden führt.

Meine Reisen lehrten mich mehr über Hsin Tao, als ich mir hätte vorstellen können. Auf Bali arbeitete ich mit einem Gewichtheber, der mich nach einer Woche, in der er die erste sanfte Hsin-Tao-Technik im Stehen geübt hatte, dazu einlud, ihm und seinen Freunden in der improvisierten, halb offenen Trainingshalle bei einer Runde Gewichtheben zuzuschauen. Er erklärte mir, dass seine Leistung beim Bankdrücken um ein Drittel zunahm, wenn er unmittelbar vor dem Gewichtheben zehn Minuten Hsin Tao übte. Das demonstrierte er mir, indem er ein massives Gewicht dreißigmal hochdrückte. Von der Anstrengung des letzten Hochdrückens schwitzend und zitternd versicherte er mir, dass er das Gewicht nur zwanzigmal hochdrücken konnte, bevor er Hsin Tao lernte. Was ihn dabei besonders verblüffte, war die fast sofortige Leistungssteigerung: an einem Tag zwanzigmal, am nächsten Tag dreißigmal. An dem Tag, als er vor seinem üblichen Workout Hsin Tao geübt hatte, waren die zusätzlichen zehnmal Bankdrücken eine völlige Überraschung für ihn gewesen. Er war sich nicht sicher, ob er vielleicht falsch gezählt hatte, aber am nächsten Tag erreichte er das gleiche Resultat.

Bali war wunderschön, aber ich gab dort nicht viel Unterricht. Ich ließ mich die meiste Zeit treiben und genoss meine verbesserte Gesundheit, die tropische Wärme und die sorglose Lebensart. Am 11. September 2001 sah ich im Kabelfernsehen im Bungalow eines Freundes den

Terrorangriff auf die Twin Towers in New York. Innerhalb der folgenden Woche rief mich jemand aus Australien an, um mir Tickets für Las Vegas inklusive Taschengeld anzubieten. Zwei Wochen später landete ich in den USA.

In Los Angeles wurde ich Sondra Ray, der »Mutter des Rebirthing«, vorgestellt. Sie bestand darauf, dass ich meine Arbeit in einem ihrer Seminare vorstellte. Nach der ersten Demonstration war es der allgemeine Wunsch, dass ich mein Wissen weitergebe. Und so begann ich, mehr über Hsin Tao zu lernen: Im Verlauf meines Aufenthalts in den USA hatte ich mit einer Vielzahl von verschiedenen Menschen mit unterschiedlichen Symptomen zu tun. Die Übungen halfen Menschen mit Rückenproblemen. Eine Person kam zu mir mit Bandscheibenvorfall und einer gerissenen Bandscheibe, die sie zehn Jahre lang hatte ertragen müssen. Sie wollte nicht operiert werden, sodass sie Schmerzmanagement praktiziert hatte wie ich selbst in den schlimmsten Zeiten von PPS. Sechs Wochen lang übte ich mindestens einmal und manchmal zweimal pro Woche mit ihr, und die Veränderungen waren einfach atemberaubend. Ihre sehr geringe Beweglichkeit ließ sie bald hinter sich und gewann einen sich schnell vergrößernden Bewegungsspielraum. So konnte sie nun größere Strecken marschieren, aber noch tiefgreifender waren die Veränderungen in ihrem Geist, denn sie fühlte sich ruhiger als jemals zuvor. Diese Fortschritte gingen zwar nicht ganz ohne Schmerzen vor sich, doch wie sie mir erklärte, waren dies für sie die ersten Übungen, die ihren Zustand nicht verschlimmerten. Sie hatte es mit vielen Formen physikalischer Therapie versucht, aber aufgegeben; stattdessen war sie nun von wöchentlichen Anwendungen in Chiropraktik, Rolfing und Massage abhängig, um beweglich zu bleiben. Hsin Tao hatte sie autark, ruhig und beweglich gemacht. Diese Frau war eine angesehene und erfahrene Psychotherapeutin, die mich anderen Psychotherapeuten vorstellte.

Eine dieser Therapeutinnen wiederum stellte mir eine ihrer Klientinnen vor, die an einer Art klinischer Depression litt. Es war eine sehr heikle Situation, weil schon der kleinste Auslöser genügte, um diese einst äußerst erfolgreiche Geschäftsfrau in eine gefährliche Abwärtsspirale zu bringen. Ich wählte eine der Übungen aus, die »das Herz heilen« sollen. Während der ersten Sitzung erlebte sie plötzlich einen Durchbruch. Sie erklärte mir, dass sie zum ersten Mal das Gefühl hatte, dass dieser schreckliche emotionale Schmerz nicht mehr in der Lage war, sie zu überwältigen, obwohl sie deutlich spüren konnte, wie er sich in ihr meldete. Noch bemerkenswerter war, dass ihr Genesungsprozess von diesem Moment an nicht mehr anhielt. So gewann sie innerhalb weniger Wochen nicht nur ihre frühere Selbstbeherrschung zurück, ihr Zustand besserte sich sogar so weit, dass sie nach eigener Aussage selbstsicherer und besser geerdet war als jemals zuvor. Dies alles wurde ohne Medikamente und ohne komplizierte Therapien erreicht. Sie arbeitete einfach wochenlang mit einer einzigen Übung, bevor sie das Bedürfnis verspürte, ihre Praxis zu erweitern. Ihre Psychologin, die Vorsitzende eines Weltverbands somatischer Psychotherapeuten, war von der Kraft des Hsin Tao so sehr überzeugt, dass sie mich bat, jede Woche mit ihr zu arbeiten.

So ging es mit vielfältigen und erstaunlichen Resultaten weiter. Ich arbeitete mit einem Mann in den Dreißigern, der zwanzig Jahre lang Asthmamedikamente genommen hatte. Er litt unter so schwerem Asthma, dass er normalerweise viermal am Tag vier Sprühstöße brauchte, um zurechtzukommen. Bei Stress oder starkem Smog brauchte er mehr. Nach zweiwöchiger Hsin-Tao-Arbeit brauchte er nur noch alle vier Tage einen halben Sprühstoß, was ihn ebenso erstaunte wie mich. In den folgenden Monaten hörte er auf, Hsin Tao zu üben, und sein Asthma meldete sich zurück. Doch – so unglaublich es auch klingen mag – es gewann nie mehr seine vorherige Stärke zurück. Sogar nach vier Monaten ohne Übung musste das Pumpspray nur einmal jeden zweiten Tag angewendet werden. Nach zwanzig Jahren, in denen er viermal täglich zu Asthmamedikamenten hatte greifen müssen, war dies ein kleines Wunder. Dennoch beklagte ich mich darüber, dass er seine Praxis aufgegeben hatte, wo sie ihm doch solch dramatische Verbesserungen gebracht hatte, und erinnerte ihn daran, dass die gesundheitlichen Fortschritte bei mir niemals aufgehört hatten. Warum sollte er die Chance zur Besserung seines Zustands dadurch vergeben, dass er nur so wenig übte? Anscheinend waren meine Argumente überzeugend. Er begann wieder zu üben, und innerhalb von zwei Monaten brauchte er sein Pumpspray überhaupt nicht mehr.

Eine Frau kam mit Kniebeschwerden zu mir. Ich gab ihr eine Lektion und ließ sie dann allein üben. Nach zwei Monaten meldete sie sich bei mir, um mir mitzuteilen, dass ihre Knie sich vollständig erholt hätten.

Viele Männer haben berichtet, dass bei ihnen Libido und Potenz vom ersten Tag des Übens an zunahmen. Ein Mann erklärte mir, er habe mit den Übungen aufhören müssen, weil seine Libido in einem Maße zugenommen hätte, dass er sich unwohl fühlte. Ältere Männer, mit denen ich sprach, hatten wieder die Erfahrung der gesunden, normalen Funktion gemacht, jeden Morgen mit einer starken Erektion aufzuwachen, ein Phänomen, das viele seit ihren späten Dreißigern nicht mehr erlebt hatten. Ein Mann aus der Schweiz berichtete mir vergnügt, dass seine Libido schon nach den ersten zehn Minuten dramatisch angestiegen war.

Nicht nur Männer berichteten von gesteigerter sexueller Begierde und Leistungsfähigkeit. Auch Frauen machten die Erfahrung größerer Libido, Befeuchtung und Entspannung.

Viele Männer und Frauen haben mir berichtet, Rauchen und andere Süchte mit Leichtigkeit aufgegeben zu haben, indem sie einfach vergaßen, ihrer Sucht zu frönen. Ein Mann in seinen Vierzigern vergaß fast eine Woche lang Kaffee zu trinken, bevor er merkte, dass er ihn unbewusst aufgegeben hatte.

Eine Frau, die ein zehnjähriger Rechtsstreit in einen Zustand der Paranoia getrieben hatte, bat mich um Hilfe. Zu Recht oder zu Unrecht bildete sie sich ein, dass ganze Armeen von Menschen sich verschworen hätten, ihr Leben zu ruinieren. Der ständige Gedanke, dass »sie« ihr Telefon abhörten, ihr Haus mit Gift und Hightech-Apparaten attackierten und jedes verfügbare Mittel einsetzten, um ihre körperliche und geistige Gesundheit zu untergraben, machte sie übernervös und besessen, und sie fühlte sich physisch ausgelaugt. So war sie außer Stande, auch nur für einen Augenblick zu entspannen. Nach drei Wochen mit Hsin Tao hatte sich nicht nur ihre Gesundheit in einem erstaunlichen Maß gebessert, sondern sie war auch wieder ruhig und zuversichtlich geworden. Ihr Leben hatte sich so radikal verändert, dass sie nun über das lachen konnte, was sie vorher als lebensbedrohlich empfunden hatte, während der Rechtsstreit für sie fast bedeutungslos wurde. Auch in diesem Fall ging die Besserung in den folgenden Monaten weiter.

Die Liste der Anwendungsgebiete von Hsin Tao wurde immer länger. Sie erweiterte sich noch mehr, als ich nach Europa eingeladen wurde, um dort Menschen mit anderem kulturellen Hintergrund zu unterrichten.

An einem meiner Kurse nahm ein siebzigjähriger Mann teil, der vor Schwäche kaum fünfzehn Minuten am Stück stehen konnte. Er litt an einem Bandscheibenvorfall und einem Knochensporn im Bereich der Halswirbelsäule. Er konnte lediglich die erste Technik im Stehen fünf Minuten lang üben, bevor er sich wieder setzen und ausruhen musste. Jahrelang hatte er den Rat seines Arztes ignoriert, der ihm zu einer Operation geraten hatte. Doch zwei Wochen nach dem Kurs teilte er mir mit, dass er nun auf seine Schmerzmittel verzichten könne. Er begann, sich stärker und beweglicher zu fühlen und aufrechter zu stehen, und seither ging es aufwärts mit ihm. Er übt nun täglich, und zuletzt hörte ich, dass er nun Übungsreihen von zwanzig bis dreißig Minuten durchhalte.

Ich habe Berichte über die Besserung zahlreicher Beschwerden erhalten: Blasenkontrolle; Migräne; Kreuzschmerzen; Arthritis; Gelenksteife; überdehnbare Wirbel; Nervenschäden; allgemeine Schwäche; Erschöpfung; Schlaflosigkeit; physisches Gleichgewicht; Tinnitus; Gedächtnisschwäche; emotionale Störungen; Panikanfälle; Stress. Dazu Berichte von einigen wirklich außergewöhnlichen Genesungen, welche die Kraft dieser einfachen, einst geheimen Übungen aufs Neue bestätigen.

Ein Mann Ende dreißig kam mit qualvollen Schmerzen im linken Arm zu mir. Die ärztliche Diagnose lautete, dass die Hauptnervenstränge, die durch seinen Arm liefen, wegen einer extrem kleinen Öffnung im Knochen im Schulterbereich gedrückt und gequetscht wurden. Die Ärzte behaupteten, das sei genetisch bedingt und es gebe kein anderes Mittel, als diese Öffnung auszuschaben, um sie zu erweitern und so den Nervenstrang zu befreien. Das Risiko bei diesem Eingriff liege in einer Schädigung der Nervenfasern, was durchaus ernste Folgen haben könne. Dieser Mann hatte sich geweigert, die chirurgische Lösung zu erwägen, denn die Risiken waren ihm einfach zu groß. Zwei Jahre lang war er von Therapeut zu Therapeut gereist und hatte fast jede bekannte Methode der Physiotherapie ausprobiert, von den orthodoxen bis zu den ganz ausgefallenen. Er übte jeden Tag »stützendes Yoga«, um eine gewisse Erleichterung zu erreichen, aber im Allgemeinen wurde er im Verlauf eines Tages mehrmals von qualvollen Schmerzen befallen.

Ich wusste wirklich nicht, was ich mit dem Arm dieses Mannes anfangen sollte; es war mir von Anfang an klar, dass dies wirklich Nervenschmerzen waren. Aus Erfahrung wusste ich, dass Hsin Tao sehr kraftvoll auf das zentrale Nervensystem wirkte – tatsächlich waren viele der Genesungen, die ich erlebt hatte, darauf zurückzuführen, dass zuerst das Nervensystem reguliert wurde. Nun begann ich mit der ersten Grundübung und erklärte dem Mann ganz genau, wie wichtig es war, sich nicht anzustrengen, sogar noch weniger als in einer ganz sanften Yogastunde. In den ersten drei Tagen erlebten wir eine deutliche Besserung. Dann meldete sich das »Achterbahnsyndrom«, das nach meiner Ansicht zum natürlichen Heilungsprozess gehört. Als sein Zustand sich wieder verschlimmerte, ging es ihm, wie vorherzusehen, viel schlechter als damals, als er mich zum ersten Mal besucht hatte. Nachdem er all seine anderen Optionen praktisch erschöpft hatte, beschloss er, mit Hsin Tao weiterzumachen. In den folgenden Monaten ging es ihm mal besser mal schlechter. Die positiven Veränderungen waren jedoch so überzeugend, dass ihn der Gedanke an die möglichen Resultate motivierte. Doch jedes Mal, wenn er sich etwas besser fühlte, pflegte er leider zu seinen geliebten sportlichen Aktivitäten zurückzukehren – eine Partie Tennis zu spielen, eine Yogastunde zu besuchen oder irgendeinen anderen Sport zu treiben, denn das war sein liebster Zeitvertreib. Jedes Mal, wenn er sich in die Welt des Sports zurückwagte, holte er sich unweigerlich unerbittliche Schmerzen, ganz gleich, für wie sanft er den Sport hielt, den er gerade ausübte. Da er sich immer mehr daran gewöhnte, schmerzfrei zu sein, verlor er bei jedem Rückfall den Mut, und das verkomplizierte sein Problem. Aber wir machten weiter, und ich riet ihm, mit allem Sport aufzuhören – wenigstens bis er einen ganzen Monat schmerzfrei wäre. Zumindest konnte ich ihn davon überzeugen, dass er das geliebte Tennis mit seinen ruckartigen Bewegungen ganz aufgeben musste.

Im Allgemeinen ging es ihm nun jeweils zwei oder drei Wochen lang gut, aber nie war er einen vollen Monat schmerzfrei. Leider kam er immer wieder auf die Idee, die Heilung durch irgendwelche Behandlungen und Massagen beschleunigen zu wollen, was katastrophale Folgen hatte. Beim letzten Mal litt er solche Qualen, dass er kaum noch sprechen konnte. Zum Glück konnte ich ihn nun endlich davon überzeugen, sich vorläufig nicht mehr von anderen Leuten behandeln zu lassen. Ich selbst war ja damals auf diese Weise aus dem PPS-Loch herausgekommen.

Jedes Mal, wenn sich sein Zustand verschlechterte, zeigte ich ihm, wie er bei seiner Hsin-Tao-Praxis mit noch weniger Anstrengung auskommen konnte, bis er eines Tag zu mir sagte: »Jetzt hab ich's! Man arbeitet weit unterhalb dessen, wozu man fähig ist. Es ist beinahe so, als ob man sich überhaupt nicht bewegen müsste, während man stets in Bewegung ist!« Von da an war er in der Lage, seinen guten Zustand konstant zu halten. Er begann sich sicherer zu fühlen und fürchtete nicht mehr, dass eine falsche Bewegung ihn in den Schmerz zurückwerfen würde. Damals empfahl ich ihm, zu einem Cranio-Sacral-Therapeuten zu gehen und diesen nichts anderes machen zu lassen, als den Druck von seinem Schädel zu nehmen. Unter keinen Umständen dürfte der Therapeut irgendetwas an seinem Kreuzbein machen, denn das würden die Übungen und die natürlichen Heilkräfte seines Körpers von selbst besorgen. Inzwischen hatte er gelernt, meinem Rat zu folgen.

Ein ganzer Monat verging, und die Schmerzen waren nicht zurückgekehrt. Er war völlig schmerzfrei geblieben – und nicht nur das, denn er erzählte mir, dass der Prozess, den er mit Hsin Tao durchgemacht hatte, auch seine Geschäftsmethoden verändert habe. Als hochrangige, dynamische Verkaufsperson mit einem großen Mitarbeiterstab und wöchentlichen internationalen Geschäftsreisen hatte er sich immer bis an die Grenzen seiner Leistungsfähigkeit gefordert. Nun sagte er mir, dass er erfahren und verstanden habe, wie es sei, unterhalb seiner Grenzen zu arbeiten. Die Tatsache, dass er sich bis zu einer bestimmten Grenze fordern konnte, bedeutete nicht, auch so weit gehen zu müssen. Wie zuvor auch ich entdeckte er, dass sich größere positive Veränderungen einstellten, wenn er sich am wenigsten anstrengte. So fühlte er sich nicht nur körperlich besser, sondern indem er diese Lektion auf sein tägliches Leben anwandte, verbesserte sich auch auf beruflicher Ebene einiges. Mitten im Chaos die Ruhe zu bewahren und sich vom natürlichen Fluss leiten zu lassen ist sowohl eine gute Geschäftsmethode als auch eine gute spirituelle Übung.

Interessant ist dabei, dass er diese Lektion nicht mit dem Verstand lernte und intellektuell auf sein Leben und sein

Üben anwandte. Durch die Hsin-Tao-Bewegungen hatte sein Körper »organisch« gelernt, was Philosophen jahrhundertelang verwirrten Gemütern zu erklären versuchten. Durch eine Art von »Bewusstseinsosmose« informierte der Körper den Verstand auf natürliche Weise. Erst danach merkte der Mann, dass sich sein Verhalten geändert hatte. Es dauerte einige Monate, bis diese Lektion vom Körper absorbiert und spontan an seine »Art zu denken« weitergegeben wurde. Doch wenn man dieselbe Lektion vom Intellekt her anginge, könnte es Jahre meditativer, spiritueller oder philosophischer Praxis benötigen, um sie wirkungsvoll auf das tägliche Leben anzuwenden.

Ein weiterer faszinierender Fall ist der einer an Spina bifida, also einer komplexen Fehlbildung des Gehirns und des Nervensystems, leidenden Frau, die im Rollstuhl zu mir kam. Obwohl viele Hsin-Tao-Übungen im Sitzen ausgeführt werden, meinte ich, dass diese Frau mehr bräuchte. Also formte ich die erste Bewegung im Stehen für sie zu einer Übung im Sitzen um. Sie war eine hochgebildete und gut informierte Frau. Sie hatte viele Wege der Therapie und der Selbstheilung verfolgt und besaß wesentlich mehr Fachwissen als ich. Offensichtlich war ihr größtes Problem die Unfähigkeit, ihre Beine zu benutzen, aber zusätzlich gab es noch eine Anzahl von anderen Symptomen, deren Besserung ihr Leben erträglicher machen konnte.

Obwohl ihr Oberkörper sehr kraftvoll war, pflegte sie die Kontrolle zu verlieren, wenn sie sich im Rollstuhl nach vorn lehnte. Meist fiel sie dann in einer Drehbewegung zu Boden. Bei ihr schien es keinerlei Verbindung zwischen dem Rumpf und dem Beckenboden zu geben, obwohl sie viele Jahre lang mit Therapeuten an diesem Bereich gearbeitet hatte.

Als ich ihr zeigte, was sie mit dem Becken tun konnte, war das eine riesige Herausforderung für sie. Nur in seltenen Momenten konnte sie die Verbindung herstellen und die sanfte Bewegung des Beckenbodens fühlen, aber sie hielt es nicht länger als ein oder zwei Augenblicke durch. Nach ein paar Tagen sanften Übens war sie jedoch in der Lage, jene Verbindungen auch längere Zeit aufrechtzuerhalten.

Vier Monate später konnte sie die nächste Übungsstufe erklimmen. Sie demonstrierte mit Leichtigkeit, wie sie sich jetzt in ihrem Rollstuhl ganz nach vorn lehnen und dabei mühelos die Kontrolle behalten konnte. Sie erklärte in klaren Worten die Art und Weise, wie sie sich nun besser mit ihren Beinen verbunden fühlte, während diese zuvor lediglich »tote Klumpen« gewesen seien. Ihre Oberschenkel fühlten sich kräftiger an, und die Füße, die jahrelang völlig taub und eiskalt gewesen waren, wurden jetzt warm. Manchmal konnte sie sogar ein Kribbeln auf den Fußsohlen spüren. Für mich war dies ein kleines Wunder und eine der bewegendsten Erfahrungen in meiner Laufbahn als Lehrer.

Nicht nur die körperlichen Wirkungen waren dramatisch. Ihr Verhalten und ihr Temperament hatten sich auf eine Weise verändert, die ihre Freunde ganz glücklich machte. Für eine aktive und starke Frau war es ärgerlich und frustrierend, an den Rollstuhl gefesselt zu sein. Sie war bekannt für ihren messerscharfen Witz und ihre Reizbarkeit. Ihre Vorstellung von Verteidigung war ungebremster Angriff.

Nach vier Monaten mit Hsin Tao wurde sie sichtlich sanfter und toleranter und neigte auch weniger dazu, die Leute mit ihrem scharfen Intellekt zu attackieren. Diese neue »Weichheit« versetzte ihre Freunde in Erstaunen. Sie erklärte sich das mit einem wachsenden Gefühl inneren Friedens.

Zwei Frauen kamen zu mir, die beide an Fibromyalgie und Lupus litten – zwei komplexen chronischen Krankheiten, die charakterisiert sind durch nahezu zahllose, teils schwer wiegende Symptome, darunter Gelenkschmerzen, hohe Allergieanfälligkeit und Depressionen. Obwohl sie sich nicht kannten und der eine Fall viel weiter fortgeschritten war als der andere, besserte sich ihr Zustand in den Monaten, in denen sie mit mir arbeiteten, bei beiden auf ähnliche Weise. Die Übungen brachten ihnen physischen und emotionalen Nutzen, aber die dramatischste Veränderung war für beide das Gefühl, ihr Leben wieder selbst in die Hand nehmen zu können, nachdem sie sich so viele Jahre als Opfer ihrer Krankheit gefühlt hatten. Dieses Gefühl, wieder die Kontrolle über das eigene Leben zurückzugewinnen, war auch für mich eine sehr mächtige Erfahrung gewesen. Nach dem Feedback, das ich von meinen Schülern erhalten habe, ist die Wiederherstellung der Kontrolle eine übereinstimmende Erfahrung bei den Übenden mit physisch oder emotional labilem Hintergrund. Dies führt an sich schon zu größerem Selbstbewusstsein und Selbstvertrauen, nicht nur in der Bewältigung persönlicher Probleme, sondern auch im Umgang mit der Welt im Allgemeinen.

Eine aktive und gesunde Frau Ende fünfzig hatte beschlossen, eine Radtour von fünfzig Meilen zu machen. Zwei Monate lang trainierte sie jede Woche und war erstaunt, wie schnell sie in der Lage war, Stehvermögen, Kraft und Ausdauer zu verbessern. Nie zuvor hatte sie ihre sportlichen Leistungen so rasch und mühelos steigern können. Zu ihrem Trainingsplan gehörte ein paarmal pro Woche Hsin Tao, und, wie sie mir sagte, war das das Einzige, was sich von ihrem normalen Fitnessprogramm unterschied.

Schließlich hat auch eine Anzahl von Kampfkünstlern die Technik getestet. Sie verglichen sie mit dem, was sie schon aus den vielen verschiedenen Kampfstilen wussten. Und obwohl sie unweigerlich damit begannen, Hsin Tao als eine neue Form von Qigong zu bezeichnen oder es mit anderen »weichen« Techniken zu vergleichen, bestätigten sie mir ausnahmslos, dass Hsin Tao etwas Einzigartiges sei, selbst wenn sie nur kurze Zeit geübt hatten. Oft stellten sie fest, dass Hsin Tao sie zu einem tieferen Verständnis der ihnen bekannten Kampfkünste führte.

Sogar Leute, die »Power Yoga« praktizieren, jene Liebhaber von extremer physischer Anstrengung, haben entdeckt, worum es bei Hsin Tao geht. Ich erinnere mich an eine Frau, die fünf Jahre Power Yoga geübt hatte. Ich riet ihr dazu, mit dem Yoga ein Paar Wochen zu pausieren, einfach um zu sehen, was sie mit Hsin Tao erreichen könnte. Widerwillig übte sie zwei Wochen lang nur die Bewegungen, die ich ihr gezeigt hatte. Wie sie mir sagte, war es für sie anschließend leichter als jemals zuvor, wieder Power Yoga zu machen. Zum ersten Mal empfand sie es nicht mehr als belastend, sondern konnte mit Freude und Leichtigkeit an diese ungeheuer anstrengenden Yogastunden herangehen und dabei mit weniger Mühe mehr erreichen.

So wächst die Liste weiter. Sicher führen diese einfachen Übungen dazu, dass Sie Wärme spüren, und sie bringen Sie ohne Anstrengung oder Mühe zum Schwitzen. Das vielleicht Schwierigste an diesen Techniken ist, sich nicht anzustrengen. Und trotzdem haben viele Leute das Gefühl, nach einer entspannten Hsin-Tao-Sitzung ein vollständiges Workout absolviert zu haben. Das Feedback verblüfft mich immer wieder. Obwohl Hsin Tao bei jedem anders wirkt, ist die allgemeinste Wirkung das Gefühl der

Ruhe, gepaart mit einer Leichtigkeit und Wachheit des Geistes. Selbst wenn dies das einzige Ergebnis von Hsin Tao wäre, so wäre es damit schon ein äußerst wertvolles Werkzeug. Das allgemeine Feedback und meine eigene Erfahrung bestätigen, dass es ein kostbarer und einzigartiger Weg der Heilung ist – so kostbar, dass ich gut verstehen kann, warum die Shaolin-Mönche Hsin Tao jahrhundertelang verehrten und geheim hielten.

7. Mythos und Geschichte

Die Ursprünge von Hsin Tao sind der Stoff von Legenden, doch sollten wir uns daran erinnern, dass alle Legenden mehr enthalten als nur konventionelle Wahrheiten. Mich fasziniert die Geschichte von Tamo, einem buddhistischen Mönch, der vor etwa 1500 Jahren gelebt haben soll. Dieser Mönch ist in bestimmten Kreisen auch heutzutage kein Unbekannter. So kennen ihn die Praktizierenden der chinesischen Kampfkünste als Bodhidharma; er gilt nicht nur als Schöpfer der Shaolin-Kampfkünste, sondern auch als der Mann, der den Dhyana-Buddhismus aus Indien nach China brachte. Aus dieser Schule des Mahayana entwickelte sich der chinesische Chan-Buddhismus, vielen eher als (japanisch) Zen bekannt.

Tamo war der einzige buddhistische Mönch, der auf dem Seeweg nach China gekommen sein soll. Auf jenen primitiven Segelschiffen waren Ausdauer, Zuversicht und Glaubensstärke notwendiges Rüstzeug eines Seefahrers. Auf seiner Reise besuchte Tamo den indonesischen Archipel und zahlreiche Inselreiche. Er kam durch reiche und farbenprächtige exotische Königreiche, beherrscht von uralten animistischen Riten und hinduistischen Lehren, die Wunderdinge und unvergleichliche Heilige hervorbrachten.

Nach monatelanger Fahrt auf See und durch die verschiedenen Königreiche entlang der Route nach China wurde die Reise über Land nun durch allerlei Gefahren, Ungewissheit und unbekannte Sprachen erschwert. Tatsächlich war Tamos Reise ein Unterfangen von großartiger Kühnheit, das all seine Kraft und Ausdauer forderte. Doch es war mehr als Zuversicht und Durchhaltevermögen, die diesen Mann an sein Ziel brachten. Als er schließlich in China ankam, ermöglichten es ihm seine heiligen Gaben und die Leichtigkeit seines Geistes, den Jangtse-Strom auf einem Schilfblatt zu überqueren. Der Wind, der gegen die Flut wehte, führte ihn auf mysteriöse Weise zu unvorhergesehenen Zielen. Wo immer er hinging, predigte er die Buddhalehre, aber mit geringem Erfolg. In seinem Eifer kränkte er sogar den Kaiser von China mit einer unorthodoxen und originellen Auslegung der buddhistischen Lehren.

Zuletzt führte ihn seine Reise zum Shaolin-Kloster, das in einer Gegend lag, wo Konfuzianismus, Taoismus und schließlich auch Buddhismus sich noch nicht lange durchgesetzt hatten. Tamo konnte dort keinen Zugang finden. Sein Rang als buddhistischer Mönch aus Indien, ja sogar als Sohn eines wohlhabenden Prinzen, bedeutete den Mönchen des Shaolin-Tempels nichts. Sosehr er sich auch bemühte, der Türhüter wollte ihn einfach nicht einlassen.

Ernüchtert von seinem Misserfolg und in der Einsicht, dass dies auf seinen Mangel an tieferem Verständnis zurückzuführen sei, beschloss er, in Meditation zu sitzen, bis er wahre Erleuchtung und die Buddhaschaft erlangt hätte. So saß er dann in einer nahe gelegenen Höhle neun Jahre lang unbewegt vor der Felswand. Es wird berichtet, dass die spirituelle Kraft seiner dunklen Augen ein Loch in die Höhlenwand bohrte, so hoch war die Intensität von Tamos Askese.

Als er sich endlich erhob, war er wirklich ein Buddha, der Bodhidharma, geworden. In seinem erleuchteten Zustand blickte er nach unten auf seinen Körper, der von dem endlosen Stillsitzen gezeichnet und steif geworden war. Er war kaum mehr als eine lebende Leiche. Doch da er wahre Einsicht erlangt hatte, begriff er, dass ein erleuchtetes Wesen mit einem kränklichen Körper und einem zerstreuten Geist für die Welt nicht von besonderem Nutzen sein konnte.

Dem großen Fluss der kosmischen Energie folgend, mit der er verschmolzen war, begann er, sich in Kreisen zu drehen und eine Art heiligen Tanz zu entwickeln, um sowohl seinen Körper als auch seinen Verstand zu erneuern und seinem Geist zu voller Präsenz in der physischen Form zu verhelfen. Diese Bewegungen, im Stehen und im Sitzen ausgeführt, verjüngten ihn auf wunderbare Weise.

Die einst so arroganten Shaolin-Mönche waren tief beeindruckt.

So wurde Bodhidharma schließlich im Kloster als große Seele begrüßt. Dort inspirierte er die Mönche nicht nur mit seinen klaren Einsichten und Unterweisungen, sondern lehrte die kränklichen Mönche auch seine Serie von Techniken zur Selbstheilung.

Die Mönche des Shaolin verfolgten eine sitzende Lebensweise, da sie täglich viele Stunden mit Meditation und der Übersetzung buddhistischer Texte verbrachten. Sie waren kränklich und zu schwach, um die strengen Meditationsübungen der traditionellen buddhistischen Schulen zu praktizieren. Tamo erklärte ihnen, dass man kräftig und gesund sein müsse, um all die Praktiken und Rituale auszuführen, die der Buddha Shakyamuni festgelegt hatte. Tatsächlich hatte der Buddha selbst die Gefahren erkannt, die von einem schwächlichen Körper ausgehen.

Die Serie der Bewegungen, die Bodhidharma in drei Teile gliederte, verhalf den Mönchen rasch zu guter Gesundheit. Seine Übungen und seine Philosophie veränderten das gesamte Programm des Klosters. Vor allem die Übungen, welche die Meditation vertieften, während sie dem Körper robuste Gesundheit schenkten, wurden zur Grundlage für alle zukünftigen Erfolge. Von dieser Zeit an bewahrten die Mönche diese Techniken als geheimen Schatz von Shaolin, der nur den ältesten Mönchen vorbehalten war.

Durch striktes Befolgen dieses Übungssystems erlangten einige der Mönche einen Zustand jenseits der Grenzen der Sterblichkeit. Von den Meistern des geheimem Systems Bodhidharmas hieß es, sie seien »wie Götter«. Sie erfüllten alle Kriterien des alten und beliebten Unsterblichkeitskults. Deshalb ist dieses System, das ausschließlich innerhalb der Klostermauern und nur wenigen ausgewählten Mönchen bekannt war, als Tao (»Weg«) der Götter überliefert. Nicht Götter, die im Himmel lebten – nein, vielmehr waren es Unsterbliche, die hier auf der Erde wohnten. Der Titel bezieht sich besonders auf die Männer, die täglich viele Stunden in den Bergen übten, um sich zu vervollkommnen. Doch Tao hat noch eine andere Bedeutung. Obwohl es gewöhnlich als »Weg« oder »richtiger Pfad« übersetzt wird, ist seine esoterische Bedeutung weitaus tiefer. Tao beschreibt eine undefinierbare, transzendente Vollkommenheit. Im Westen nennen wir diese Präsenz im Allgemeinen Gott, aber sie könnte besser das Absolute genannt werden, das sich in unserem Innern und außerhalb von uns befindet. In diesem Sinn lässt sich Tao unmöglich beschreiben. Es kann allein durch direkte Erfahrung erfasst werden. Es ist der Pfad, doch ist es auch das Ziel des Pfads – die Erfahrung des Absoluten Seins.

Nachdem die »Unsterblichen« diesen Zustand der Vollkommenheit erlangt hatten, gingen sie im Tod »ins Reich der Götter« ein. Das bedeutete, dass ihr Bewusstsein oder ihr Geist nach ihrem Tod in die den Göttern vorbehaltene himmlische Sphäre, das Brahmaloka, aufsteigen würde, um dort für alle Ewigkeit – wahrhaft unsterblich – zu leben.

Manchmal jedoch kehrten Einzelne zur Erde zurück, um noch einmal als Menschen geboren zu werden, aber mit dem tief in ihr Bewusstsein eingeprägten geheimen Wissen von Hsin Tao.

Hier auf der Erde würden sie noch einmal einen Meister des Wegs der Unsterblichen finden. Sie würden zuerst wieder das alte Hsin Tao lernen, um es dann an andere hoch entwickelte Seelen weiterzugeben. So ging die Überlieferung über Jahrhunderte weiter – nicht wie bei anderen Traditionslinien von Meister zu Schüler, sondern von Meister zu wieder geborenem Meister. Zum wahren Verständnis von Hsin Tao gehört stets der Abstieg aus dem Brahmaloka, der himmlischen Sphäre, in der alle strebenden Seelen wieder geboren werden möchten. Innerhalb des Shaolin-Klosters durften nur die älteren Mönche die ganze Lehre empfangen. Bei dieser Praxis wurde eine solch erhabene Stufe der Meisterschaft erreicht, dass sie auch als »Kunst der Erleuchteten« bezeichnet wurde.

Nach Bodhidharmas Fortgang entwickelten die Shaolin-Mönche über mehrere Jahrhunderte hinweg diese heiligen Bewegungen zu Techniken der Selbstverteidigung und der Kampfkunst weiter. Obwohl damals in China bereits verschiedene Kampfstile existierten, entstanden aus Tamos Grundbewegungen – seinem »Weg der Götter« – die unverwechselbaren defensiven Künste des Shaolin. Seither sind Shaolin-Mönche für ihre fast übernatürlichen Kräfte bekannt.

Von der Zeit des Boxeraufstands Anfang des 20. Jahrhunderts über die Zeit der kommunistischen Revolution und des Bürgerkriegs hinweg wurden viele der Meister aus den Shaolin-Klöstern vertrieben. Politische Unterdrückung und Verfolgung machten das Leben der Mönche gefährlich und unsicher. Immer wieder geschah es, dass die kommunistische Befreiungsarmee und ihre nationalistischen Gegner Mönche ermordeten. Viele flüchteten, um sich in den Bergen zu verstecken, die Grenze zu überschreiten und China für immer zu verlassen. Einige nahmen die kostbaren Geheimnisse des Hsin Tao mit sich. Schließlich wurden der Shaolin-Orden und seine Künste während der »Kulturrevolution« verboten und die Klöster, einschließlich des Ursprungsklosters in der Provinz Henan, entweder geschlossen oder zerstört.

Vor einigen Jahren hat die chinesische Regierung das alte Shaolin-Kloster in der Provinz Henan wieder geöffnet, aber unter strenger Kontrolle der kommunistischen Partei. Dort werden wieder bemerkenswerte Leistungen in den Kampfkünsten erreicht, und Mönche gehen mit einer Show auf Weltreise.

Es geht das Gerücht, dass auch Hsin Tao wieder im Kloster geübt werde. Für engagiertere Praktizierende sei es in andere Kampfkunsttechniken integriert worden. In erster Linie werde es zur emotionalen Heilung benutzt, während das ganze Spektrum der regenerativen Eigenschaften von Hsin Tao nur wenigen Auserwählten bekannt sei.

In jüngster Zeit haben westliche Medien über die Folterungen, das Verschwinden und die Umerziehung Tausender Falun-Gong-Anhänger berichtet. (Falun Gong ist eine Art Qigong – eine Meditationspraxis für Körper und Geist.) Das zeigt deutlich, dass China für alle, die außerhalb der Grenzen proletarischer Ideale denken, immer noch ein gefährlicher Platz ist. Deshalb ist die Wahrheit über Hsin Tao in seinem Heimatland bis heute ein Geheimnis geblieben.

Während jener Jahre des Bürgerkriegs und des Exils blieb Hsin Tao weiter der Stoff für Legenden und erhielt verschiedene mysteriöse Namen. Obwohl nur sehr wenige Meister die authentische Technik kannten, wurde die traditionelle Methode der Übertragung weiter gepflegt. Die Praktizierenden bildeten eine locker verbundene Elite, die sich außerhalb des kommunistischen Regimes frei bewegen konnte. Auch wenn die Schüler nicht mehr Mitglieder der Shaolin-Aristokratie waren, mussten sie ganz besondere Qualitäten vorweisen können, um die Lehren zu empfangen.

Es galt auch nicht mehr, Hsin Tao geheim zu halten, um die Macht des mönchischen Systems von Shaolin zu schützen. Die Tradition wurde von Einzelnen weiter gepflegt, als Zeichen der Achtung vor etwas sehr Wertvollem, für das die Welt im Allgemeinen nicht bereit war. Diejenigen, die zum Lernen bestimmt waren, besaßen bemerkenswerte angeborene Fähigkeiten. Sie beschützten die Lehre in ihrer Reinheit und Authentizität, während sich die Welt um sie herum veränderte. Soziale Strukturen und Tabus brachen zusammen, während ein gehobenes Gewahrsein langsam ins menschliche Bewusstsein einsickerte.

Die Geheimnisse zu beschützen war letzten Endes nicht mehr so wichtig; stattdessen kam es darauf an, Licht, Liebe und Heilung in einer Welt zu verbreiten, die danach strebte, über die Grenzen von persönlicher Macht, Selbstherrlichkeit und Selbstbefriedigung hinauszuwachsen.

Ein Großmeister, den seine Schüler wie einen Gott verehrten und der zurückgezogen im britischen Hongkong lebte, erkannte, dass eine neue Ära begonnen hatte, die viele Veränderungen mit sich bringen würde. Also wartete er diese Entwicklung ab, um zu sehen, was geschehen und welches neue Schicksal das kostbare Hsin Tao erwarten würde.

In den frühen 1970ern wurde einer seiner besonderen Schüler, eine wahre Inkarnation des Mitgefühls, als junger Mann nach Australien geschickt, um dort unter den »südlichen Barbaren« zu leben und zu wachsen. Fast dreißig Jahre später wurde dieser »junge Mann« mein Lehrer.

Teil 2 –
Die Bewegungen

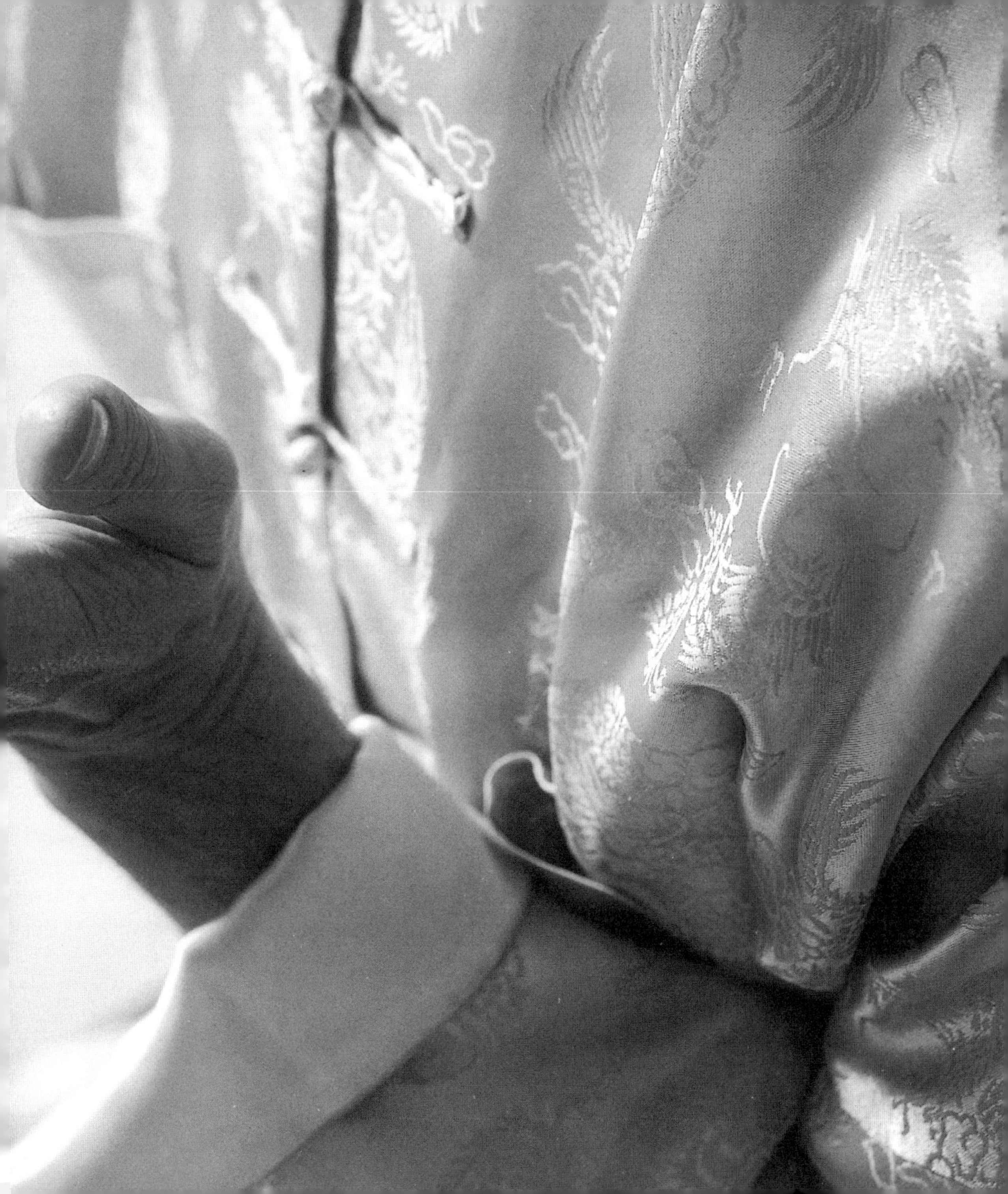

8. Die Bewegungen – die Praxis des Hsin Tao

Übersicht über die Übungen: Seite

In diesem Kapitel lernen Sie nun die Übungen des Hsin Tao kennen. Bitte beachten Sie dabei, dass die Übungen im Sitzen und im Stehen jeweils in der Reihenfolge beschrieben sind, in der sie gelernt werden sollten. Übungen im Stehen und im Sitzen können gleichzeitig geübt, die Atemtechnik sollte täglich praktiziert werden, für sich allein oder in Verbindung mit den anderen Übungen.

Bevor Sie mit dem Üben beginnen, noch ein paar Worte zur Atmung: Im Allgemeinen wird beim Hsin Tao durch die Nase ein- und ausgeatmet. In Ausnahmefällen wird durch Nase und Mund ausgeatmet, das ist dann jeweils direkt in der Übung angemerkt. Sie werden bald merken, dass sich Ihre Atmung beim Üben verlangsamt. Sie können dies zusätzlich unterstützen, indem Sie – passend zum Bewegungsablauf – Atempausen einlegen. Das heißt, dass Sie die natürliche Pause zwischen Ein- und Ausatmen sanft verlängern. Das sollte sich aber immer noch natürlich anfühlen, atmen Sie keinesfalls verkrampft.

So üben Sie im Sitzen

Setzen Sie sich mit gekreuzten Beinen (nicht in Lotoshaltung) auf ein dickes Kissen, das auf einer harten Oberfläche oder auf dem Boden liegt. Sie können sich auch auf einen Stuhl setzen, die Fußsohlen flach auf dem Boden. Setzen Sie sich auf die vordere Kante des Stuhls, damit Sie sich nicht anlehnen. Verwenden Sie einen Stuhl ohne Armlehnen, damit die Arme sich frei bewegen können.

Atmen, um die spirituelle Energie zu erneuern und zu steigern

Inneres Feuer anfachen

Mit dieser Übung erneuern und steigern Sie die spirituelle Energie im Körper. Im Prinzip handelt es sich um eine Atemtechnik. Der Atem sollte während der gesamten Übung nicht zu hören sein.

Diese Technik baut die Grundenergie des Körpers wieder auf. Sie vermehrt den Vorrat an essenzieller Flüssigkeit und macht den Körper widerstandsfähiger gegen Krankheiten. Sie erwärmt das untere Energiezentrum und verleiht so dem Kern des Körpers mehr Basisstärke.

1. Legen Sie die Hände auf die Knie, die Handflächen nach unten.
2. Stellen Sie sich einen Punkt im Zentrum der Stirn vor. Dieses so genannte Vierte Auge befindet sich etwa 2,5 cm über dem Dritten Auge (zwischen den Augenbrauen) und dient dazu, Energie vom Himmel in den Körper zu ziehen.
3. Dehnen Sie den Bauch im Beckenbereich aus und lassen Sie den Körper sanft nach hinten schaukeln, während Sie den Atem durch die Nase einströmen lassen.
4. Während Sie nach hinten schaukeln, stellen Sie sich vor, wie Energie vom Himmel durch das Vierte Auge einströmt und den Unterbauch füllt.
5. Verharren Sie einen Augenblick. Lassen Sie den Atem bequem im Körper »sitzen«. Halten Sie den Bauch ausgedehnt.
6. Lassen Sie den Bauch zusammensinken, sinken Sie mit dem Oberkörper sanft nach vorn und lassen Sie den Atem langsam durch die Nasenlöcher ausströ-

men. Dabei ziehen Sie den Bauch direkt über dem Schambein ein und richten Ihre Aufmerksamkeit auf den Unterbauch.

7. Fahren Sie fort, auf diese Weise ein- und auszuatmen, indem Sie Energie vom Himmel durch das Vierte Auge einströmen lassen und den Unterbauch damit füllen. Lassen Sie den Bauch abwechselnd ausdehnen und zusammensinken, während der Körper dazu langsam nach hinten und nach vorn schwankt. Versuchen Sie, die Bewegung beim Einatmen kürzer zu machen als beim Ausatmen.

Üben Sie das zweimal täglich fünf bis zehn Minuten lang oder so lange, wie Sie ein Gefühl völliger Entspannung bewahren können.

Techniken im Stehen, um den Körper zu erneuern und zu verjüngen

Der Heilige dehnt seine Taille

Dies ist die erste Übung, um den Körper zu erneuern. Sie besteht aus drei Teilen. Führen Sie beim Üben jeweils unbedingt alle drei Teile aus. Diese Übung belebt die Wirbelsäule und massiert alle inneren Organe.

Achten Sie beim Kreisen darauf, die Oberschenkel nicht anzuspannen und Arme und Schultern nicht anzustrengen. Der einzige Teil des Körpers, der wirklich arbeitet, ist der Beckenboden. Alles andere, einschließlich Hals, Beinen und Kopf, sollte möglichst entspannt bleiben.

Fühlen Sie sich nicht dazu verpflichtet, die Bewegungen besonders tief oder groß zu machen. Wenn sie beginnen, von allein größer zu werden, gehen Sie einfach mit. Diese Übung dient nicht dazu, die Muskeln zu trainieren. Wenn Sie irgendwelche Schmerzen verspüren, sind Sie schon zu weit gegangen. Entspannen Sie sich und lassen Sie sich vom Atem durch die Übung tragen, statt sie körperlich zu praktizieren.

Diese Übung bringt Wärme, Feuchtigkeit und Energiefluss zurück in den Körper.

Teil 1

1. Stehen Sie entspannt aufrecht, die Füße in bequemem Abstand voneinander, und lassen Sie die Arme locker seitlich hängen. Fühlen Sie, wie die Schwerkraft Ihre Schultern nach unten zieht.

Beginnen Sie, mit dem ganzen Körper leicht nach vorn und hinten zu schaukeln, während sich Ihr Gewicht jeweils von der Ferse zum Fußballen und wieder zurück verlagert.

1

2

2. Atmen Sie durch Mund und Nase aus. Beugen Sie die Knie und strecken Sie den Po nach hinten heraus, während Sie ihn gleichzeitig senken, so als wollten Sie sich auf einen Stuhl setzen.

3

3. Während Sie durch die Nase einatmen, schieben Sie das Becken unten ganz nach vorn und heben es wieder an.

4

4. Am Ende des Einatmens lassen Sie das Becken wieder nach hinten los, mit einem Gefühl, als wollten Sie sich auf einen Stuhl setzen. Atmen Sie gleichzeitig durch Mund und Nase aus.

Setzen Sie diese Bewegung fort, um mit dem Beckenboden einen kleinen Kreis zu beschreiben. Atmen Sie dazu im passenden Rhythmus ein und aus.

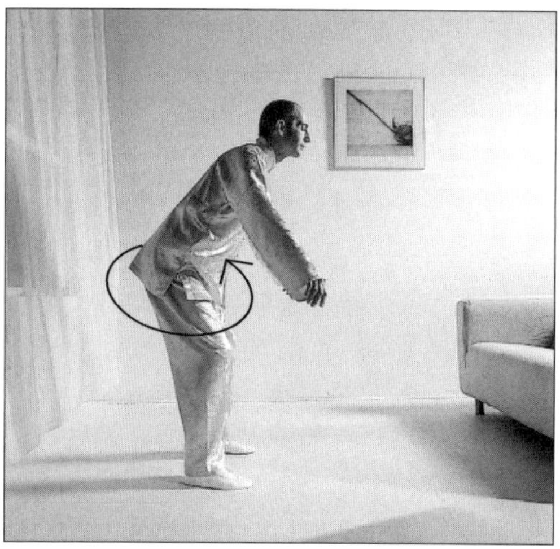

5

5. Fahren Sie mit dieser Kreisbewegung des Beckenbodens fort und lassen Sie die Wirbelsäule eine lockere wellenförmige Bewegung machen. Atmen Sie dabei ein und aus wie zuvor.

Nun beginnen auch die Hände zu kreisen: Während Sie sich nach hinten setzen, kreisen die Hände seitlich nach vorn, wobei die Arme locker nach vorn gestreckt werden.

6a

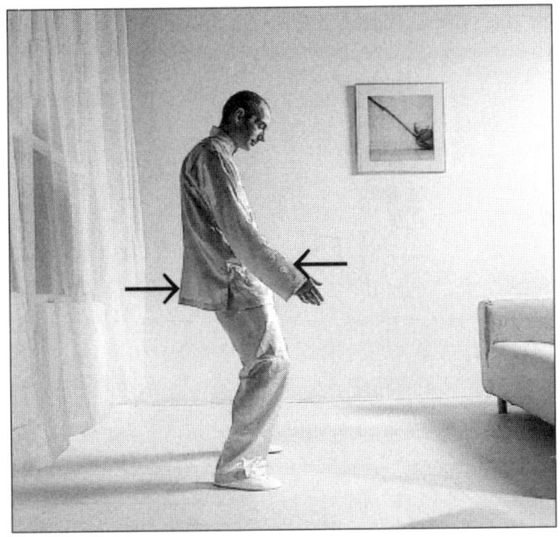

6b

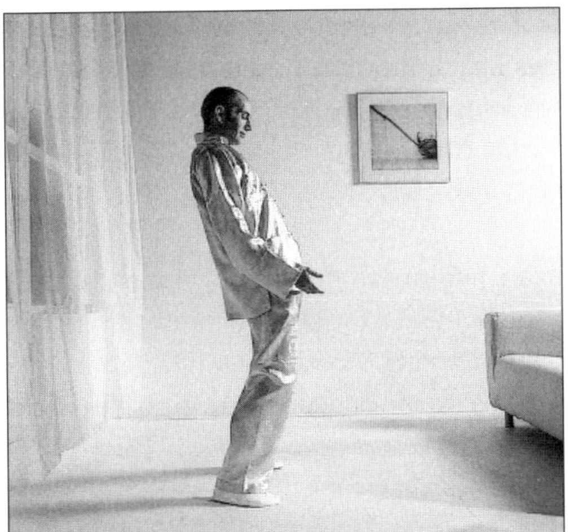

6c

6. Während Sie das Becken nach vorn schieben, ziehen Sie die Hände zurück, Handflächen nach oben, wobei Sie mit den Handkanten das Becken streifen.

6 – Frontansicht

7

7. Während Sie das Becken wieder nach hinten bewegen, kreisen die Hände, Handflächen nach unten, seitlich nach vorn.

Hände und Becken kreisen weiter, während Sie dazu synchron weiter ein- und ausatmen wie zuvor.

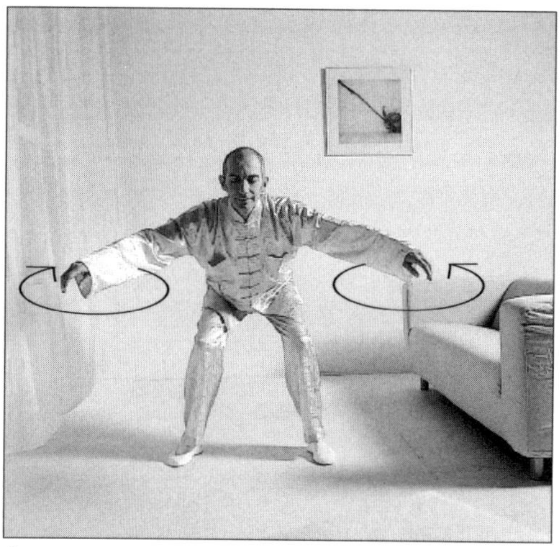

8a

8. Lassen Sie Hände und Becken weiter kreisen, wobei die Kreise allmählich von selbst größer werden.

8b

9

9. Lassen Sie die Kreise größer und tiefer werden, indem Sie sich weiter zurücksetzen. Zuletzt wird der Kreis zur Ellipse.

Machen Sie mit den größeren Kreisen weiter, solange Sie möchten.

12

10. Lassen Sie die Kreise kleiner werden.

11. Und noch kleiner.

12. Bis Sie schließlich wieder schaukeln, diesmal mit gebeugten Knien.

Teil 2

1. Heben Sie die Arme entspannt vorn hoch über den Kopf und lassen Sie die Hände locker in den Handgelenken hängen. Fahren Sie dabei fort, natürlich durch die Nase zu atmen und vor- und zurückzuschaukeln wie auf einem Schaukelpferd. Schaukeln Sie so lange weiter, wie Sie sich dabei wohl fühlen.

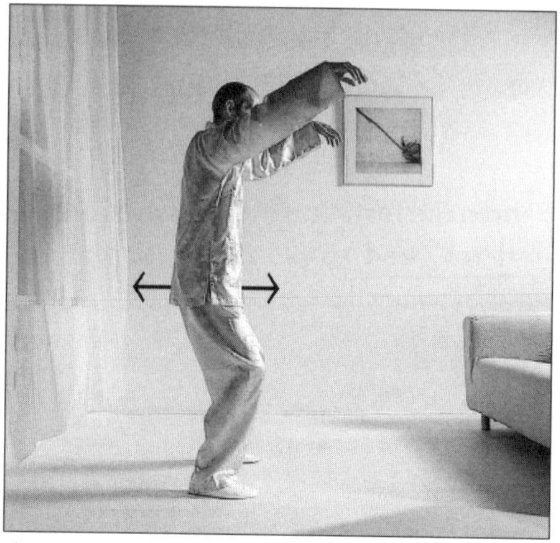

1a

1b

2

2. Atmen und schaukeln Sie weiter, und bringen Sie die Handflächen in etwa 5 cm Abstand vors Gesicht.

Fahren Sie fort, durch die Nase zu atmen und vor- und zurückzuschaukeln, während Sie kurz in den folgenden Positionen verweilen.

3

3. Bringen Sie die Handflächen etwa 5 cm vor die Kehle.

4

4. Bringen Sie die Handflächen etwa 5 cm auf Herzhöhe vor den Brustkorb.

5

5. Bringen Sie die Handflächen etwa 5 cm vor den Solarplexus.

6

6. Bringen Sie die Handflächen etwa 5 cm vor den Nabel.

7

7. Bringen Sie die Handflächen etwa 5 cm vor das Schambein.

8

8. Bringen Sie die Handflächen wieder nach oben, etwa 5 cm vor den Nabel.

9

9. Bringen Sie die Handflächen etwa 5 cm vor den Solarplexus.

10

10. Bringen Sie die Handflächen etwa 5 cm vor den Brustkorb.

11

11. Bringen Sie die Handflächen etwa 5 cm vor die Kehle.

12

12. Und bringen Sie die Handflächen etwa 5 cm vors Gesicht.

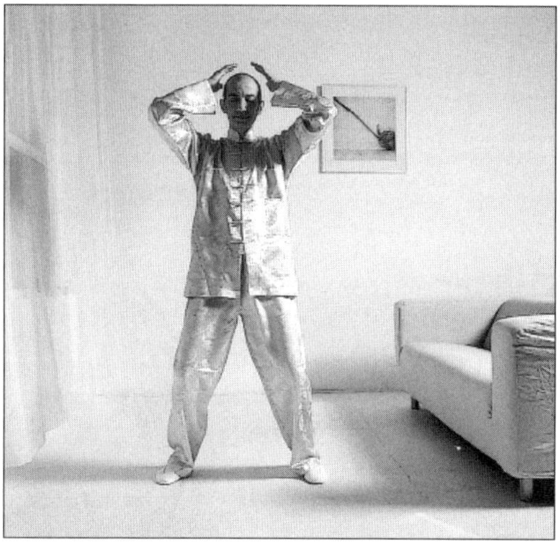

13

13. Bringen Sie die Handflächen etwa 5 cm über den Schädel. Senken Sie zuletzt die Hände ganz nach unten.

Teil 3

1. Legen Sie sich auf den Boden, die Arme an den Seiten, die Beine flach auf dem Boden. Beobachten Sie, wie Sie sich fühlen. Lassen Sie den Atem kommen und gehen, wie er will. Beobachten Sie die verschiedenen Empfindungen, aber gehen Sie ihnen nicht nach. Lassen Sie vollständig los.

2. Wenn alles in Ihnen zur Ruhe gekommen ist, sind Sie bereit, sich auf die rechte Seite zu rollen und sich langsam aufzusetzen.

Der Heilige dehnt seine Taille – Teil 3

Das Makrokosmische Rad

Dies ist die zweite Übung zur Erneuerung des Körpers. Beginnen Sie mit Teil 1 von *Der Heilige dehnt seine Taille*. Statt zum zweiten Teil der Übung überzugehen, lassen Sie Ihre Hüften kreisen:

1. Beschreiben Sie nun einen waagerechten Kreis im Uhrzeigersinn, geführt von der rechten Hüfte. Dabei sind die Schultern entspannt und folgen der Bewegung der Hüften.

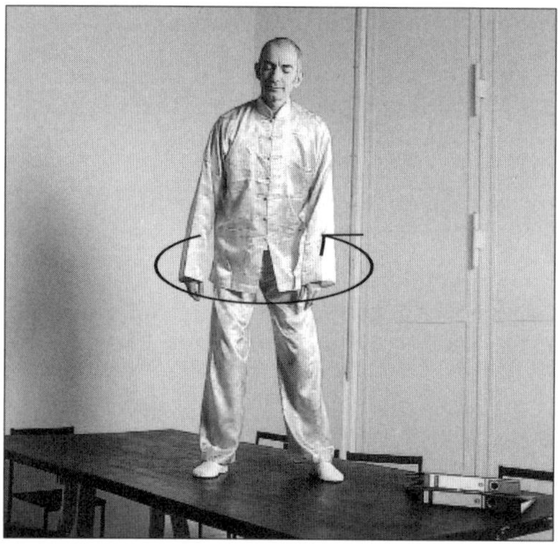

1

2. Die Hände beginnen nun ebenfalls zu kreisen (wie in *Der Heilige dehnt seine Taille*). Wenn das Becken nach vorn kreist, atmen Sie durch die Nase ein und ziehen die Hände zurück zur Hüfte. Lassen Sie beim Kreisen die Wirbelsäule locker und entspannt und versuchen Sie nicht, Rücken und Schultern ruhig zu halten.

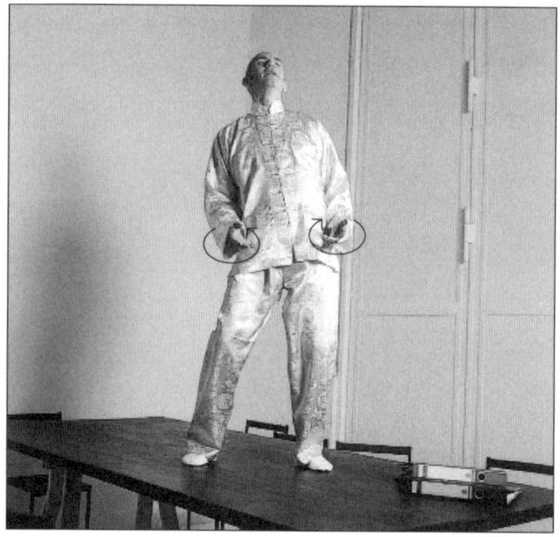

2

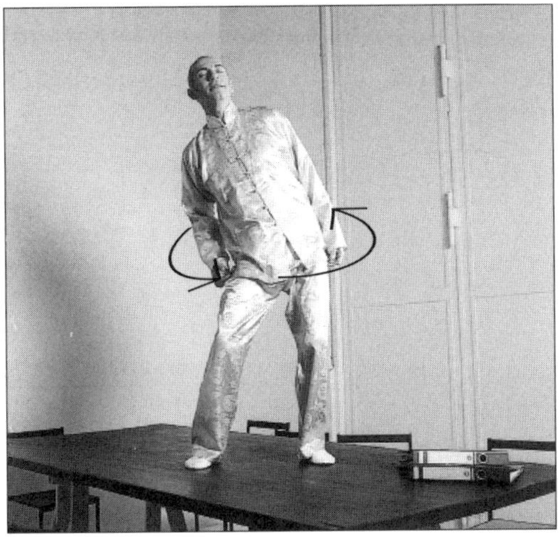

3

3. Führen Sie das Kreisen weiter, während Sie die Knie gebeugt halten.

4

4. Wenn die Hände nach vorn gehen und das Becken nach hinten kreist, atmen Sie durch Nase und Mund aus.

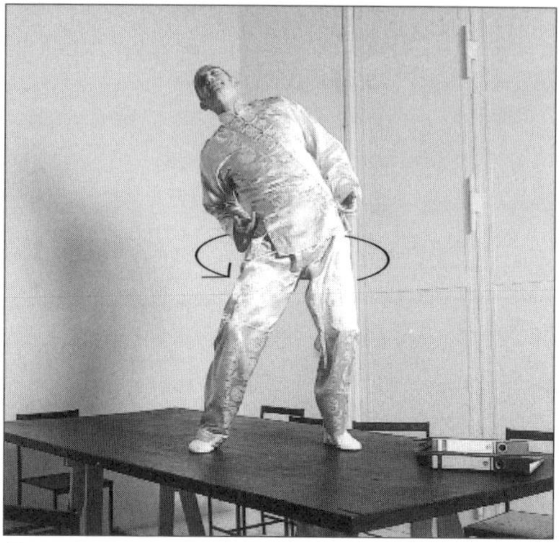

5a

5. Lassen Sie die Kreise des Beckens von allein größer werden, ohne Kraft einzusetzen.

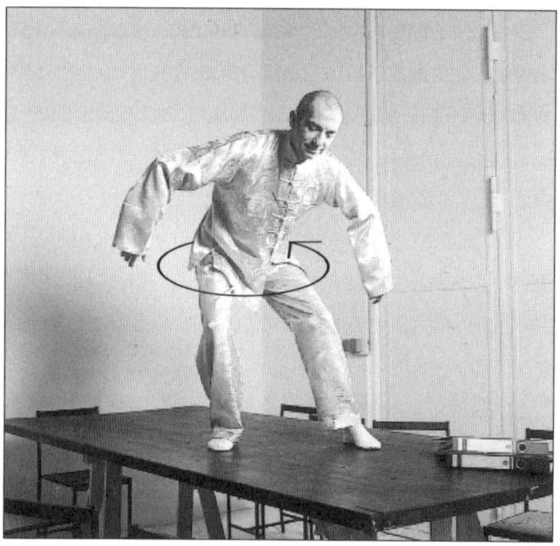

5b

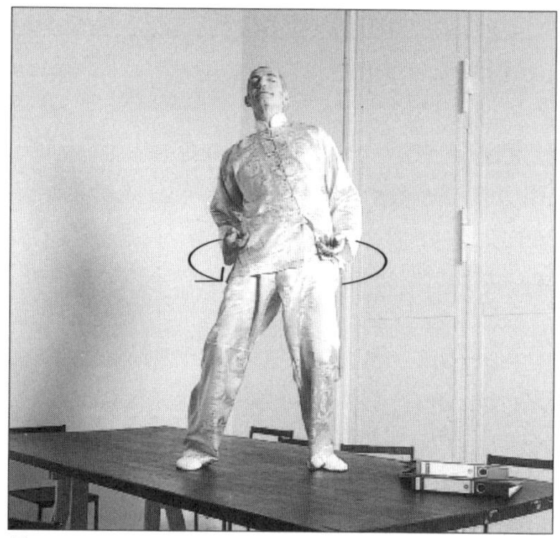

5c

6. Lassen Sie auch die Arme größer kreisen und denken Sie daran, dass die Hände sich nach vorn bewegen, während das Becken nach hinten kreist.

6

7. Lassen Sie Ihre Kreise wieder kleiner und kleiner werden.

8. Kreisen Sie nun mit dem Becken in die andere Richtung, also im Gegenuhrzeigersinn: Jetzt führt die linke Hüfte in den waagerechten Kreis.

9. Auch Hände und Arme kreisen weiter wie zuvor. Die Kreise brauchen nicht perfekt zu sein. Arme und Hände bleiben locker und entspannt und folgen dem Fluss der Körperbewegung, während Sie sich auf das waagerechte Kreisen des Beckens konzentrieren.

10. Lassen Sie die Kreise allmählich von allein größer werden, genauso wie beim Kreisen in die andere Richtung. Machen Sie mit diesen größeren Bewegungen weiter, solange Sie möchten.

11. Dann lassen Sie die Kreise wieder kleiner und kleiner werden;

12. Bis Sie schließlich mit gebeugten Knien schaukeln wie am Anfang.

13. Um die Übung abzuschließen, können Sie Teil 2 und 3 von *Der Heilige dehnt seine Taille* ausführen.

Der Kranich gleitet durch den Himmel

Dies ist die dritte Übung zur Erneuerung des Körpers. Es ist die schwierigste der drei Übungen im Stehen; deshalb sollte sie mit Aufmerksamkeit ausgeführt werden. Beginnen Sie mit dem *Makrokosmischen Rad* (ohne *Der Heilige dehnt seine Taille*) und üben Sie dann wie folgt weiter:

1

1. Mit gebeugten Knien und eingezogenem Po (das heißt der Po sollte nicht herausgestreckt werden) beginnen Sie, die Hüften von einer Seite zur anderen zu schwingen, indem Sie sie auf vertikaler Ebene eine Acht beschreiben lassen.

Atmen Sie ein, während Sie sich auf die eine Seite bewegen (zum Beispiel während Hüften und Schultern nach rechts gehen), und atmen Sie aus, während Sie sich auf die andere Seite (nach links) bewegen. Versuchen Sie dabei nicht, den Rumpf zentriert zu halten. Entspannen Sie stattdessen die Wirbelsäule und lassen Sie den Körper locker und frei von einer Seite zur anderen schaukeln, um so die Bewegung der Hüften zu erleichtern.

2

2. Lassen Sie die Schulterblätter fallen und lassen Sie jeweils abwechselnd eine Schulter die Hüfte führen; zuerst die rechte Schulter, dann die linke.

3a

3. Wenn diese seitliche Bewegung in Gang gekommen ist, nehmen Sie die Arme dazu, die ebenfalls den Schultern folgen.

Die Arme schwingen locker am Körper vorbei, indem sie einfach der Bewegung von Hüften und Schultern folgen.

3b

3c

4a

4. Setzen Sie dieses seitliche Schwingen fort und gehen Sie dabei allmählich tiefer. Atmen Sie wie bisher auf der einen Seite ein und auf der anderen Seite aus.

4b

5a

5b

5. Lassen Sie sich weiter hinaustragen nach rechts und links, ohne sich dabei anzustrengen und ohne den Körper zu verdrehen. Lassen Sie die Hüften weiter in ihrer Achterbewegung von einer Seite zur anderen schwingen, solange Sie möchten.

6. Lassen Sie die Bewegung kleiner werden.

7. Und immer kleiner.

8. Und noch kleiner.

9. Bis Sie einfach nur noch mit gebeugten Knien schaukeln.

10. Nach Wunsch können Sie Teil 2 und 3 von *Der Heilige dehnt seine Taille* folgen lassen.

Techniken im Sitzen, um den Geist zu erneuern und zu beruhigen

Der Heilige bereitet Medizin – die Technik der Stille

Es handelt sich hier um eine Vorbereitungstechnik, die den Verstand beruhigen und Sie an einen Ort der Stille führen soll. Sie verbessert auch die Verdauungs- und die Leberfunktion.

Nach dieser Übung sollten Sie sich ruhig und klar fühlen. Deshalb eignet sie sich besonders gut für geschäftige oder gestresste Menschen.

Diese Technik kann Sie auch automatisch in die Meditation führen. Versuchen Sie aber nicht bewusst, bei dieser Übung zu meditieren. Atmen Sie stattdessen ganz ruhig und konzentrieren Sie sich auf die Bewegungen Ihrer Hände.

1. Legen Sie die Hände auf die Knie, die Handflächen nach unten. Dann heben Sie die Hände vor die Körpermitte und legen das rechte auf das linke Handgelenk (Puls auf Puls).

1a

1b

2a

2. Atmen Sie ein.

Führen Sie die rechte Hand über das rechte Knie nach rechts außen.

2b

2c

3a

3b

3. Atmen Sie aus.

Führen Sie die rechte Hand zurück auf die Innenseite des rechten Knies. Gleichzeitig ziehen Sie die linke Hand zurück zur linken Hüfte.

4a

4. Atmen Sie ein.

Führen Sie die rechte Hand wieder nach rechts außen und setzen Sie diese Bewegung mit den Fingerspitzen fort, um eine seitliche Kreisbewegung auszuführen, die dort endet, wo sich Oberschenkel und Hüfte treffen. Gleichzeitig schieben Sie die linke Hand zum linken Knie.

4b

4c

5a

5b

5. Atmen Sie aus.

Die rechte Hand bewegt sich nach oben vor die Körpermitte. Dabei dreht sich die Handfläche in eine halbe Gebetsposition und steht zuletzt vor dem Herzen. Gleichzeitig wird die linke Hand vor den Nabel unter das rechte Handgelenk gehoben, wobei die Handfläche nach oben weist. Kurze Atempause.

6

6. Atmen Sie ein.

Beide Hände öffnen sich diagonal nach rechts über den rechten Oberschenkel.

7a

7. Atmen Sie aus.

Ziehen Sie Hände und Arme zurück nach unten zur Körpermitte und kreisen Sie mit beiden Händen (im Uhrzeigersinn) weiter über die Vorderseite des Körpers.

7b

7c

8

8. Atmen Sie ein.

Beenden Sie den Kreis wieder auf der rechten Seite über dem Oberschenkel (wie bei 6.). Kurze Atempause.

9

9. Atmen Sie aus.

Schieben Sie das rechte Handgelenk unter das linke Handgelenk (Puls auf Puls).

10. Führen Sie nun den gesamten Ablauf auf der linken Seite aus, indem Sie mit der linken Hand beginnen.

10a

10b

11. Wiederholen Sie diese Übung auf jeder Seite 36-mal oder üben Sie etwa 15 bis 20 Minuten in Ihrem eigenen entspannten Tempo.

12. Schließen Sie ab, indem Sie die Hände wieder auf die Knie legen. Sitzen Sie ruhig und beobachten Sie, wie Sie sich fühlen. Machen Sie weiter mit einer Meditation Ihrer Wahl oder sitzen Sie einfach ruhig und erfahren Sie alle möglichen Gefühle von Stille und innerem Frieden.

1

Der Heilige bereitet Medizin auf einem Stuhl:

Teil 1, Schritt 1

Teil 1, Schritt 2

2a

2b

Der Heilige bereitet Medizin auf einem Stuhl

Energie vom Himmel – Vorbereitung auf Einsicht

Es handelt sich hier um eine vorbereitende Übung, um Geist und Emotionen zu harmonisieren und den Gedankenstrom zu verlangsamen. Sie unterstützt auch den Kreislauf.

1. Legen Sie die Hände auf die Knie, die Handflächen weisen nach unten. Atmen Sie aus.

1

2. Machen Sie eine Atempause und ziehen Sie zuerst die Hände zum Körper zurück, die Handflächen weisen dabei nach oben.

2a

2b

3a

3b

3. Führen Sie die Hände in einem großen Kreis seitlich nach oben über den Kopf.

4a

4. Nun atmen Sie wieder ein.

Ziehen Sie die Hände zurück vors Gesicht. Dabei lassen Sie Energie vom Himmel durch das Vierte Auge einströmen (wie bei der Atemtechnik *Inneres Feuer anfachen*). Kurze Atempause.

4b

4c

5

5. Atmen Sie langsam aus und führen Sie die Handflächen vor dem Gesicht zusammen.

6

6. Atmen Sie weiter aus und senken Sie die zusammengelegten Hände ganz langsam nach unten vor die Brustmitte.

7

7. Atmen Sie weiter aus, während Sie die Hände langsam weiter zum Nabel senken. Die Hände trennen sich.

8. Atmen Sie immer noch aus, während Sie die Hände zurück auf die Knie gleiten lassen.

8a

8b

Zuletzt sitzen Sie wieder ruhig wie zu Beginn der Übung.

Wiederholen Sie diese Übung so oft, wie es Ihnen angenehm ist. Versuchen Sie, täglich zehn Minuten oder länger zu üben.

Die liebevoll heilende Schildkröte

Dies ist eine Übung zur Heilung des Herzens. Sie ist bei Depressionen und anderen emotionalen Problemen nützlich und wirkt ausgezeichnet auf den Kreislauf und die Nieren.

1

Teil 1

1. Sitzen Sie mit den Händen auf den Knien, die Handflächen nach unten gerichtet.

2. Atmen Sie ein. Streichen Sie mit beiden Handflächen über die Oberschenkel und den Bauch nach oben zum Herzbereich.

2a

2b

3a

3. Atmen Sie aus. Streichen Sie mit der rechten Hand über die Innenseite des linken Arms nach unten, bis über die Fingerspitzen hinaus.

3b

3c

4

4. Atmen Sie ein. Lassen Sie die rechte Hand über die Außenseite des linken Arms nach oben streichen.

5a

5. Ziehen Sie die rechte Hand über die linke Schulter und zurück zum Herzen.

5b

5c

6

6. Beide Hände liegen wieder kurz auf der Brust.

7a

7. Atmen Sie aus. Streichen Sie mit der linken Hand über die Innenseite des rechten Arms nach unten, bis über die Fingerspitzen hinaus.

7b

8

8. Atmen Sie ein. Streichen Sie mit der linken Hand über die Außenseite des rechten Arms nach oben.

9

9. Ziehen Sie die linke Hand über die rechte Schulter und zurück zum Herzen.

10

10. Beide Hände liegen wieder kurz auf der Brust.

11a

11. Atmen Sie aus. Schieben Sie beide Hände über den Bauch und die Oberschenkel nach unten zu den Knien.

11b

11c

1a

1b

1. Atmen Sie ein. Streichen Sie mit beiden Handflächen über die Oberschenkel und den Bauch nach oben zum Herzbereich.

2. Atmen Sie aus. Gleiten Sie mit den Händen weiter nach oben über Kehle und Gesicht bis oben auf den Kopf.

2a

2b

3a

3b

3. Atmen Sie ein. Schieben Sie die Hände über den Hinterkopf nach unten, über die Schultern und an der oberen Brustseite entlang zum Rücken, um den unteren Rücken im Bereich der Lendenwirbelsäule zu fassen.

3c

3d

Die liebevoll heilende Schildkröte – Teil 2

4

4. Bleiben Sie kurz in dieser Position.

5

5. Atmen Sie aus. Schieben Sie die Hände am Rücken weiter nach unten, über den Po und über die Außenseite der Oberschenkel bis zu den Füßen.

6a

6. Dabei öffnen Sie die Beine und legen die Fußsohlen zusammen, um zuletzt die Zehen zu fassen.

Hinweis: Wenn Sie auf einem Stuhl sitzen, umfassen Sie zuletzt mit den Händen die Knie; gleiten Sie nicht weiter nach unten.

6b

6c

7. Während Sie weiter den Atem anhalten, ziehen Sie den Oberkörper mit sanfter Spannung von den Füßen nach hinten und strecken das Kinn zum Himmel.

7a

7b

8

8. Während Sie Kopf und Oberkörper wieder sanft in Richtung Zehen sinken lassen, beginnen Sie einzuatmen.

9. Atmen Sie weiter ein und ziehen Sie die Hände über die Innenseite der Beine zurück, während Sie die Beine wieder kreuzen.

9a

9b

9c

10. Die Hände gleiten weiter über den Bauch nach oben bis zum Herzbereich. Zuletzt liegen die Hände wieder auf der Brust.

10a

10b

11

11. Wiederholung: Beginnen Sie wieder mit Teil 1, Schritt 3, indem Sie die rechte Hand über die Innenseite des linken Arms nach unten streichen lassen und dabei ausatmen.

12. Machen Sie weiter, indem Sie zwischen Teil 1 und Teil 2 abwechseln. Schließen Sie mit Teil 1 ab und lassen Sie zuletzt die Hände auf den Knien ruhen.

Üben Sie täglich zehn Minuten oder länger.

Die liebevoll heilende Schildkröte auf einem Stuhl:

Teil 1, Schritt 1

Teil 1, Schritt 2

Teil 1, Schritt 3

Teil 1, Schritt 4

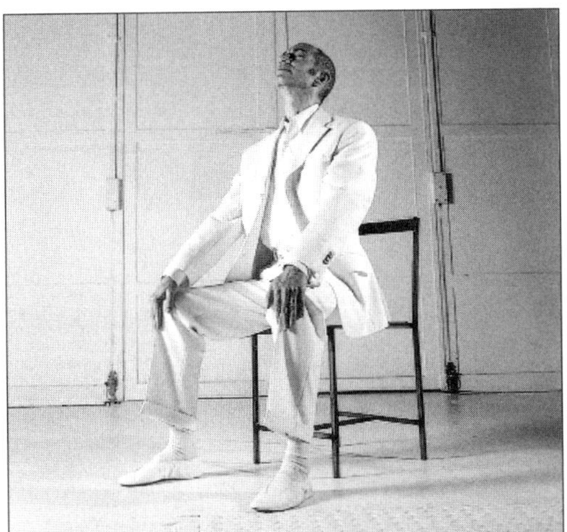

Teil 2, Schritt 7

Die liebevoll heilende Schildkröte auf einem Stuhl

Anzeichen von Erfolg

Wir können Anzeichen von Erfolg bemerken, die uns anzeigen, dass unsere Praxis Wirkungen auf Körper, Seele und Geist hat. Diese Wirkungen werden intensiver, je vollständiger wir uns während der Übungen entspannen:

1. Wärme, überall im Körper, besonders aber im Unterleib;
2. Speichel im Mund;
3. Feuchtigkeit auf der Haut;
4. Feuchtigkeit im Afterbereich.

Es kann sein, dass die Übungen im Stehen Sie zum Schwitzen bringen. Dies ist als positives Zeichen zu begrüßen.

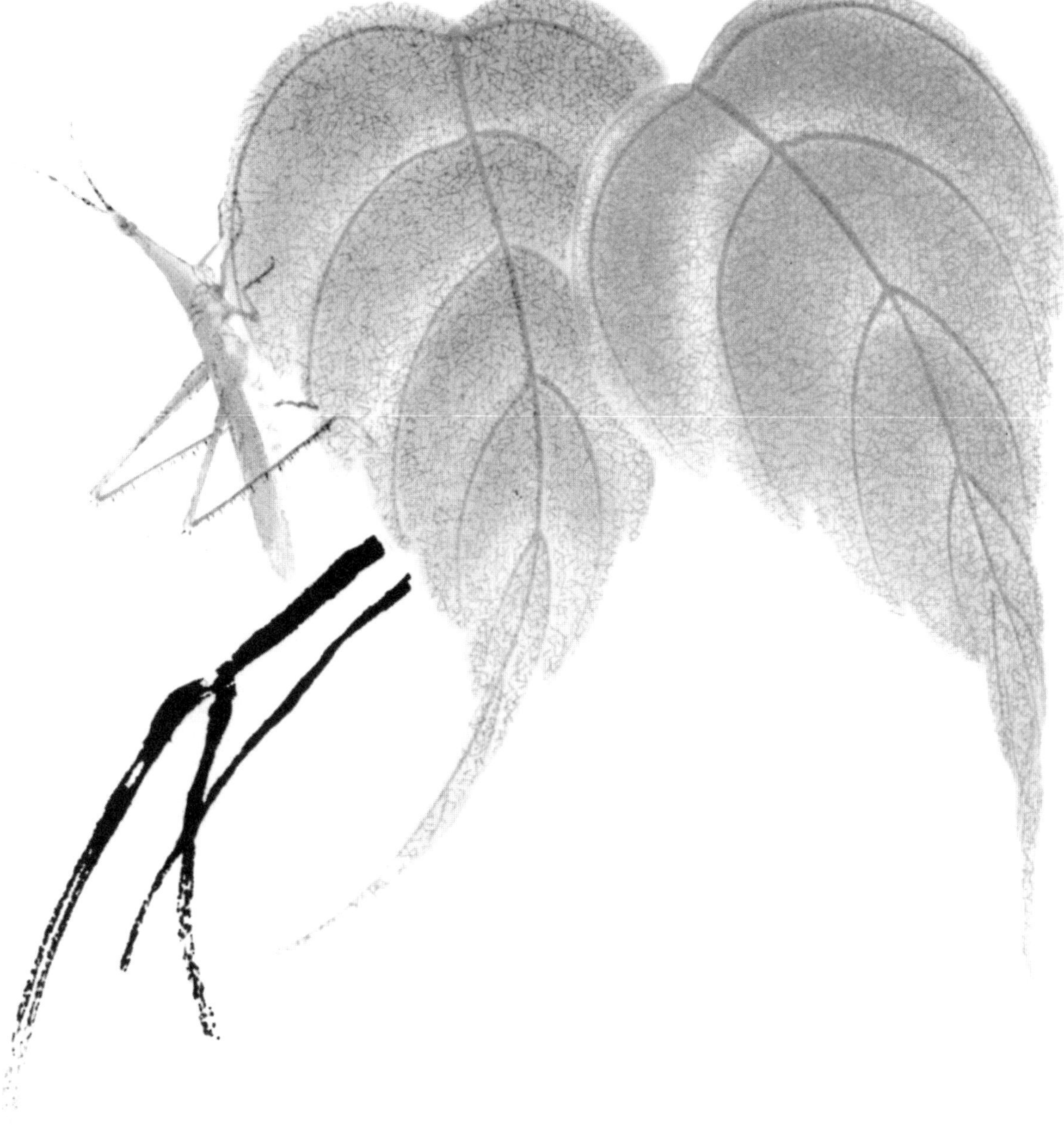

Teil 3 – Die Praxis

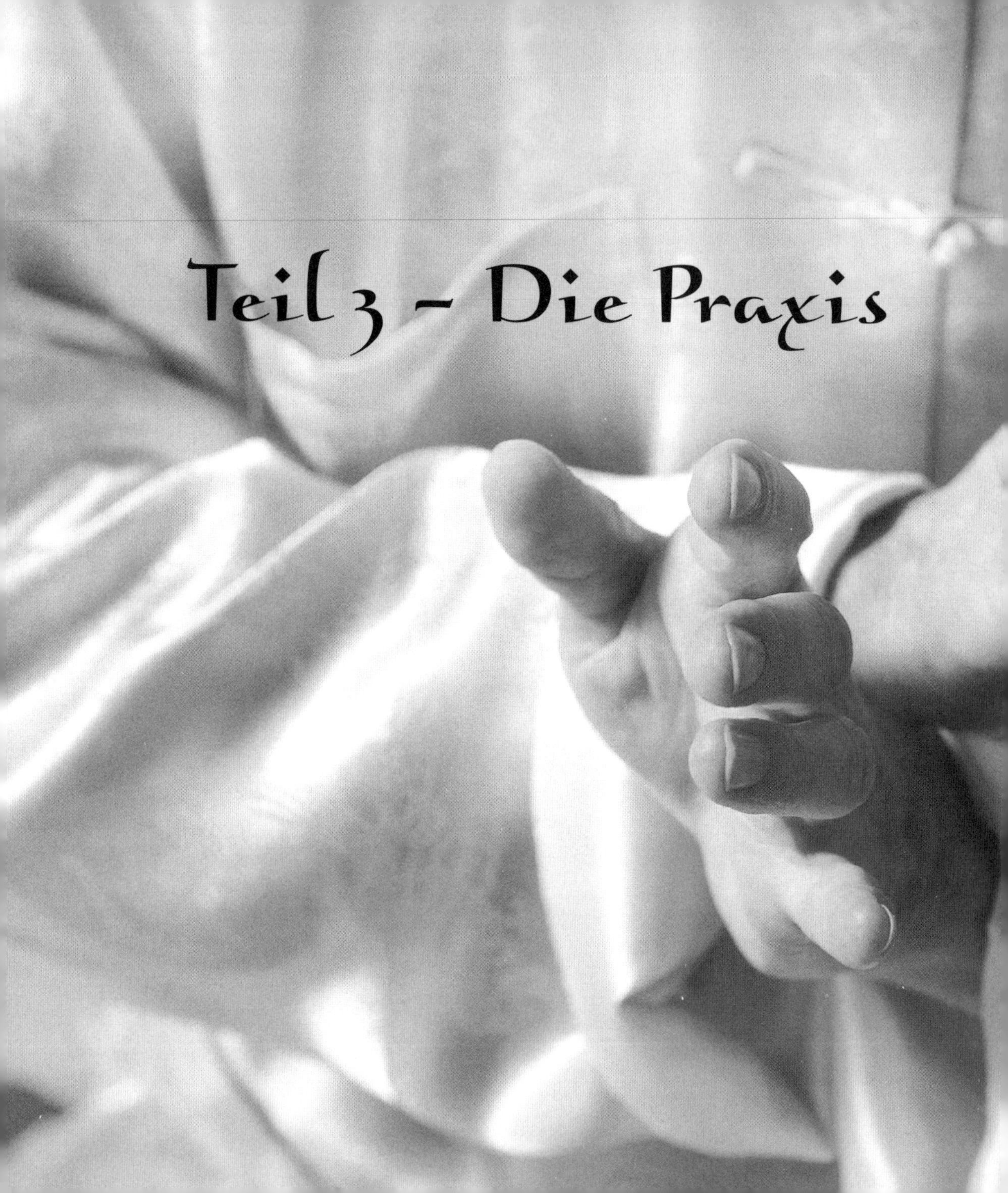

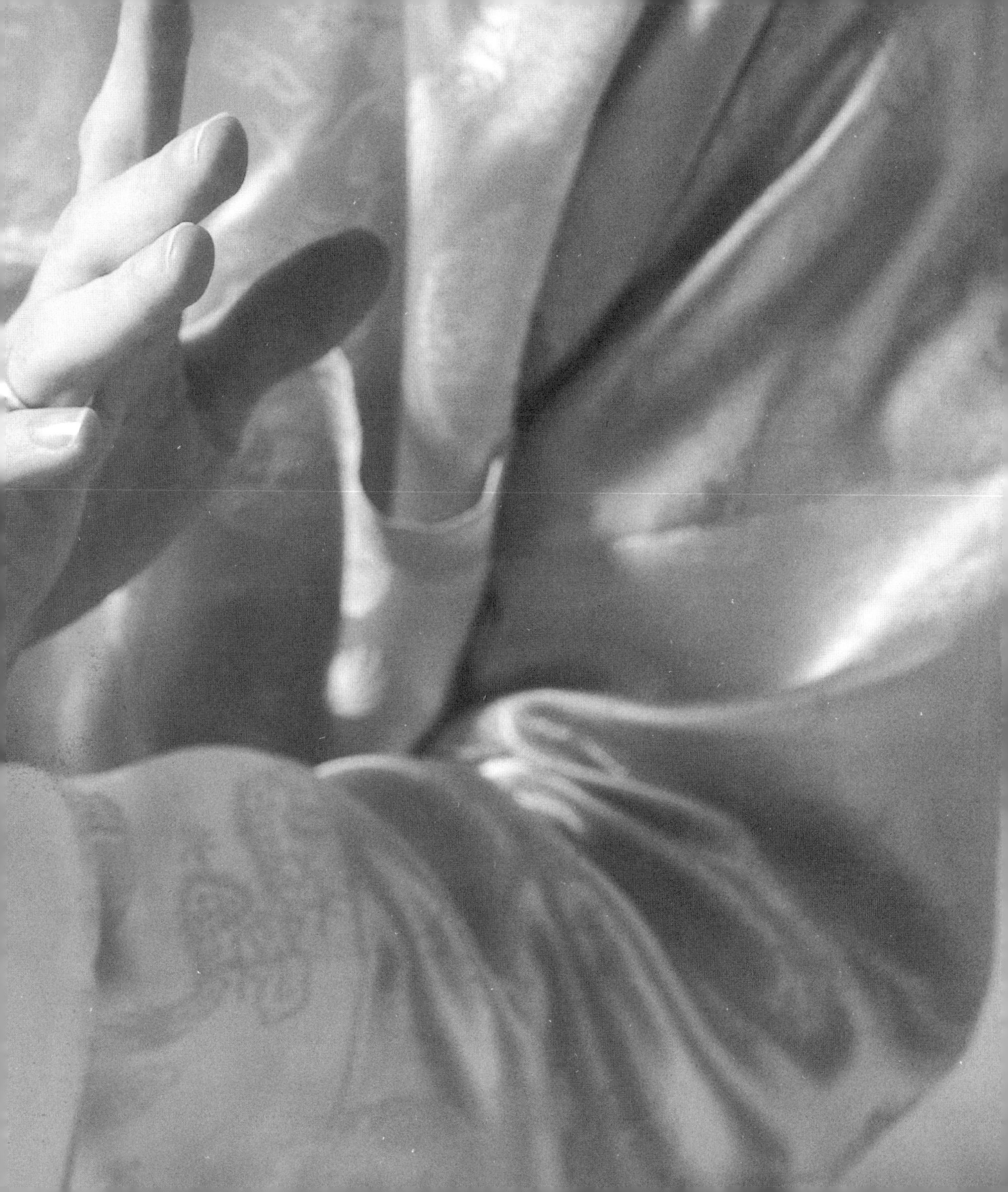

9. Übungspraxis

Wenn man der Tradition des Shaolin-Tempels folgt, sollte man zweimal am Tag eine Stunde Hsin Tao üben. Es gibt sicher nicht viele Leute, die in ihrem geschäftigen Alltag so viel Zeit dafür aufbringen können. Doch eine halbe Stunde ist schon gut, und fünfzehn Minuten tun es auch. Wenn Sie körperliche Beschwerden haben oder schon älter sind, beginnen Sie mit fünf oder zehn Minuten und lassen Sie die Übungszeit im Lauf der folgenden Wochen länger werden. Wenn Sie nicht zweimal täglich üben können, genügt auch einmal am Tag völlig. Wie lange Sie üben, ist nicht so wichtig wie die Regelmäßigkeit, denn die Übungen haben eine kumulative Wirkung. Das bedeutet, dass die Wirkungen, welche die Übungen Ihnen bringen, zunehmen, wenn Sie sie ständig wiederholen.

Es bringt nichts, sich zu zwingen, eine Stunde auf einmal zu üben. Bewusstes Beharren auf einer bestimmten Übungsdauer ist kontraproduktiv. Dagegen sollte man sich tragen und mit dem Fluss der Bewegungen treiben lassen, um so lange weiterzumachen, wie man sich dabei gut fühlt. Es gibt keine strengen Regeln für die Übungsdauer, aber es gibt Richtlinien, die wir als Erwachsene bei unseren täglichen Übungsrunden berücksichtigen sollten. Sie sollten dabei kreativ und spontan bleiben und sich von Ihrer Intuition leiten lassen.

In der Praxis kommt es mehr darauf an, die Ergebnisse der Übung zu beobachten, als bei den Bewegungen eine perfekte Form anzustreben. Streben Sie nicht so sehr nach guten Leistungen, sondern genießen Sie lieber den Augenblick und beobachten Sie anschließend, wie Sie sich fühlen.

Eine meiner Klientinnen in Los Angeles litt unter Paranoia. Nach und nach lernte sie die Grundbewegungen und erhielt rasch sichtbare Ergebnisse. In nur zwei Wochen änderte sich alles für sie. Ihr Leben wurde stabiler; ihr Vertrauen kam zurück; sie war wieder in der Lage, schnelle und vernünftige Entscheidungen zu treffen, ohne die übliche Verwirrung, die ihren Verstand lähmte. Nach vier Monaten arbeiteten wir immer noch an den Grundbewegungen.

Eines Tages bemerkte sie, dass es zu großen Veränderungen in ihrer Gemütsverfassung, ihrem Körper und ihrer Lebensweise gekommen war, noch bevor sie die Bewegungen perfekt beherrschte. Dies war eine wahre Offenbarung. Obwohl ich immer wieder darauf bestanden hatte, dass sie sich nicht so sehr um die Form kümmern und sich stattdessen auf bestimmte Grundprinzipien, in Verbindung mit dem Gefühl ständigen Loslassens, konzentrieren sollte, hatte sie nicht wirklich geglaubt, dass es genau das war, worum es ging.

Sie gab mir zu verstehen, dass das eine unvergleichliche Erfahrung für sie war. Bisher hatte sie keine Disziplin kennen gelernt, bei der es nicht darauf ankam, die Form richtig auszuführen – und sie hatte wirklich sehr viele Techniken ausprobiert. Nach ihrer Einschätzung hatte sie die Hsin-Tao-Techniken am Anfang zu etwa zwanzig Prozent richtig gemacht. Dennoch spürte sie fast sofort positive Wirkungen. Sie wünschte, dass ich all meinen Schülern von ihrer Erfahrung berichtete, um sie zu ermutigen, mit Zuversicht weiterzuüben, ohne sich wegen ihrer Unvollkommenheit entmutigen zu lassen. Nachdem sie inzwischen viele Monate mit mir gearbeitet hatte, verstand meine Klientin auch, wie wertvoll es war, Zeit mit einem Experten zu verbringen, der die tieferen Aspekte der Praxis kennt. Nach jeder Sitzung merkte sie, dass eine Übertragung der Technik stattfand, nicht so sehr durch meine Worte und Demonstrationen, sondern vielmehr durch die unterbewussten Botschaften, die ich ihr sandte. Ein Meisterlehrer übermittelt viel durch subliminale Kommunikation, durch Bilder und Gefühle, die direkt von Geist zu Geist übertragen werden, während er im Verlauf der Sitzung energetische Korrekturen an seinem Schüler vornimmt, die es diesem ermöglichen, bei der Arbeit Fortschritte zu machen.

Bei Hsin Tao geht es nicht darum, Experten und Profis auszubilden. Es ist ein Prozess, der dem Übenden helfen soll, sich selbst zu heilen. Wir sind nicht an Perfektion interessiert; wir sind nur an den Ergebnissen interessiert. Selbst wenn man Hsin Tao nur zu zwanzig Prozent richtig macht, trägt es unter der Anleitung eines qualifizierten Lehrers Früchte. Es gibt keinen Grund, sich zu überanstrengen oder sich zu kritisieren – nötig sind nur regelmäßiges Üben und Loslassen. Lassen Sie Hsin Tao für sich arbeiten!

Versuchen Sie, am Morgen zu üben, weil das Ihre Energie für den ganzen Tag positiv verändert. Experimentieren Sie mit verschiedenen Tageszeiten.

Die Bewegungen beeinflussen Sie je nach Ihrer aktuellen Verfassung unterschiedlich. Zum Beispiel gibt die erste Übung im Stehen zur Erneuerung des Körpers dem Praktizierenden oft eine Menge Energie. Wenn Sie allerdings auf einer tieferen Ebene erschöpft sind, macht diese Bewegung Sie schläfrig. Manchmal machen Leute diese Übung nachts, weil sie ihnen zu einer guten Nachtruhe verhilft. Nach ein paar Wochen oder Monaten merken sie dann, dass sie ihnen die Energie gibt, länger wach zu bleiben. In solchen Fällen können sie schließlich beginnen, die Übung am Morgen auszuführen. Die Praktizierenden sollten die Übungszeiten immer so legen, dass sie zu ihrem Tagesablauf und ihrer Stimmung passen.

Wenn Sie zum Beispiel eine sehr stressige Zeit durchmachen, ist es am besten, sich auf die Übungen im Sitzen zu konzentrieren. Wenn Sie körperlich gefordert sind, sollten Sie hauptsächlich die Übungen im Stehen praktizieren.

In den Anfangsmonaten sollten Sie mindestens eine Übung aus jedem Teil der Grundtechniken machen:

- Bewegungen für den Körper im Stehen
- Bewegungen für den Verstand im Sitzen und
- die Atemübung für den Geist

Sobald Sie sich an all die Übungen gewöhnt haben und ihre Wirkungen kennen, können Sie sie wie eine Art Hausapotheke benutzen und diejenige Technik auswählen, die Ihnen am besten für den Tag, die Woche oder sogar für eine bestimmte Tageszeit passt. So können die Übungen im Sitzen auch im Büro eingesetzt werden. Schon ein paar Minuten bringen deutliche Entspannung und mehr Klarheit im Kopf. Schließen Sie nach einem anstrengenden Arbeitstag die Tür für zwei Minuten, setzen Sie sich auf Ihren Bürostuhl und führen Sie die Bewegungen aus, um sich in einen Zustand ruhiger Klarheit zu begeben.

Versuchen Sie, aus der Hsin-Tao-Praxis keine große Sache zu machen. Es empfiehlt sich, an einem ruhigen, sauberen Ort zu üben, wenn Sie die Zeit dafür haben. In der Tradition wurde in den frühen Morgenstunden geübt, wenn die drängenden weltlichen Sorgen etwas ferner zu sein scheinen. Dies ist jedoch keine feste Regel. Gehen Sie locker mit dem Üben um. Zu den Vorteilen des Hsin Tao gehört, dass Sie keine besondere Kleidung, keinen besonderen Platz und keine besondere Ausrüstung brauchen. Sie können die Übungen fast überall machen, wo Sie mit den Armen schlenkern können. Profitieren Sie von diesen geringen Anforderungen und üben Sie spontan. Wenn Ihnen danach ist, legen Sie einfach los. Schauen Sie, wie lange Sie im Fluss bleiben können. Wenn Sie zum Beispiel von der Küche ins Wohnzimmer gehen und Ihnen plötzlich der Gedanke kommt »Ich sollte etwas Hsin Tao machen – zum Beispiel *Der Heilige dehnt seine Taille* –, dann fangen Sie hier und jetzt im Flur damit an. Vielleicht üben Sie fünf Minuten lang als eine Art Zwischenspiel, oder Sie lassen sich tragen und verbringen zwanzig Minuten mit Ihrer spontanen Bewegungsmeditation. So kann Hsin Tao zu einem Teil Ihres Lebens werden. Vermeiden Sie es, sich von besonderen Umständen und Bedingungen abhängig zu machen; so verhindern Sie nur, dass die Praxis zu einem Teil Ihres Tagesablaufs wird.

Während ich das zu Papier bringe, habe ich gerade selbst die Idee des spontanen Übens verwirklicht. Nachdem ich so lange vor dem Computer gesessen habe, hat mein Rücken zu schmerzen begonnen. Das gehört zu den Dingen, mit denen ich immer noch vorsichtig sein muss, nämlich, zu lange in einer Position zu sitzen, zu lange zu stehen oder zu lange ohne Pause zu marschieren. Ich habe tagelang am Computer gearbeitet und endlose Stunden sitzend zugebracht, und mein Körper hat nun rebelliert. So dachte ich mir, ich sollte einen Moment aufstehen und eine Pause machen. Sobald ich zwei Schritte vom Schreibtisch entfernt war, dachte ich, ich sollte vielleicht *Der Heilige dehnt seine Taille* üben. Ich begann die Wirbelsäule in Wellen zu bewegen und das Becken kreisen zu lassen. Obwohl ich das zunächst nur ein paar Minuten lang machen wollte, um meinen Rücken zu lockern, merkte ich, wie ich mitgetragen wurde und die richtige Bewegung fand, sodass ich meinem gequälten Rücken nicht wehtat. Bald spürte ich, dass ich noch weitere Aspekte von Hsin Tao hinzufügen wollte, sodass ich die Bewegung einfach fließen ließ und meinem Instinkt folgte. Ich dachte nicht mehr an ein fünfminütiges Intermezzo, während ich zunehmend von dem absorbiert wurde, was ich machte, um den Schmerz in meinem Rücken zu lindern. Als ich spürte, dass ich genug geübt hatte – Wärme und Feuchtigkeit zeigten mir an, dass ich ein ordentliches Training absolviert hatte –, legte ich mich auf den Boden. Der Druck auf meinen unteren Rücken war ziemlich stark und ich empfand auch Schmerzen an dieser Stelle, obwohl sie mich nicht schwächten. So lag ich dort, solange ich konnte, und beachtete den Schmerz. Sollte er unerträglich werden, würde ich mich bewegen. Wie erwartet wurde der Schmerz nicht schlimmer. Ich fühlte, wie mein Körper auf dem Teppichboden unter dem Zug der Schwerkraft an mehreren Stellen losließ. Ich wartete ab, beobachtete und versuchte loszulassen, so gut ich konnte. Nach einiger Zeit begann der Schmerz abzuklingen. Als er fast völlig vergangen war, begann ich mich zu bewegen. Als ich aufstand, waren fünfundzwanzig Minuten so schnell vergangen, als ob es nur zehn gewesen wären. Ich machte zwei oder drei Schritte. Ich hatte überhaupt keine Schmerzen mehr. Stattdessen spürte ich ein seltsames Gefühl im unteren Rücken, dort wo der Schmerz gewesen war, ein Gefühl verstärkter innerer Aktivität, aber der Schmerz war völlig verschwunden. Ich setzte mich wieder an den Computer und fühlte mich erfrischt, entspannt und schmerzfrei.

Eine achtzigjährige Klientin in Österreich übt Hsin Tao auf ähnliche Weise. Sie hatte viele Jahre an abgenutzten Bandscheiben zwischen den Lendenwirbeln gelitten und keine Erleichterung gefunden, bis sie begann, Hsin Tao zu üben. Die Übungen im Sitzen interessierten sie nicht wirklich, weil sie die Handbewegungen ziemlich verwirrend fand. Stattdessen konzentrierte sie sich auf die Bewegungen im Stehen. Nach wenigen Wochen bemerkte sie eine nahezu totale Besserung in ihrem Rücken. Der Schmerz kommt jedoch zurück, wenn sie zu lang sitzt, zu lang steht oder sich überanstrengt. Dann macht sie jetzt eine kurze fünf- bis zehnminütige Übung, und der Schmerz lässt sofort nach. Es ist wunderbar für sie, nicht mehr auf Schmerzmittel angewiesen zu sein und sich nicht mehr um ihren Rücken sorgen zu müssen. Sie meint, dass die Belastung ihrer Wirbelsäule altersbedingt sei; deshalb ist das kurze zehnminütige Heilmittel, das sie in der Praxis von Hsin Tao gefunden hat, eine perfekte Lösung und ein Mittel, das sie genießt, das ihr Unabhängigkeit von

Menschen oder Produkten schenkt und sie auch von der Angst vor zukünftiger schmerzhafter Degeneration befreit.

10. Regelmäßiges Üben

Die beste Art, sich mit Hsin Tao zu beschäftigen, ist regelmäßige Praxis. Selbst wenn Sie die volle Übungsdauer, die Sie sich vorgenommen haben, nicht erreichen, ist es vorteilhaft, jeden Tag zu üben. Täglich wird so der Organismus dazu veranlasst, seinen eigenen Heilungsprozess zu verstärken.

Ein schönes Bild für das regelmäßige Üben bildet eine Schaukel. Ab und zu ein einzelner kräftiger Stoß kann sie nicht in vollen Schwung versetzen. Um die Schaukel in einen wirklich kraftvollen dynamischen Rhythmus zu bringen, müssen wir sie jedes Mal, wenn sie zu uns zurückschwingt, ein bisschen stärker anstoßen.

So ist es auch bei der Praxis des Hsin Tao: Durch regelmäßige, sanfte Wiederholung setzen wir Körper, Verstand und Geist in Bewegung, sodass sie sich selbst heilen und erneuern können. Bald werden Sie entdecken, dass der Organismus sich in seinem eigenen Rhythmus verändert, schnell oder langsam, je nach Ihren Bedürfnissen und Ihrer angeborenen Konstitution. Jeden Tag zu üben ist so, als würde man der Schaukel immer wieder einen kleinen Stoß in die richtige Richtung geben.

Auf diese Weise regen wir den Körper dazu an, seinen eigenen Prozess und seine Zyklen von Heilung und Regeneration fortzusetzen. Sie sollten nicht das Gefühl haben, unbedingt für längere Zeit am Stück üben zu müssen. Das ist zwar von Vorteil, aber es ist keine unumstößliche Regel. Die Regel ist, bei der Hsin-Tao-Arbeit innerhalb der eigenen Grenzen zu bleiben. Üben Sie in dem Maß, wie Sie sich beteiligt fühlen. Überwinden Sie die Schranken und beobachten Sie, was geschieht.

Vermeiden Sie sowohl geistige als auch physische Anstrengung und vor allem Schmerzen. Es bringt nichts, beim Üben über die Schmerzgrenze zu gehen. Je weniger Mühe Sie aufwenden, desto wirksamer wird Ihre Praxis sein. Üben Sie mit einem Gefühl, als ob Sie durch die Übungen schweben würden, atmend und loslassend. Setzen Sie all diese Prinzipien ein und üben Sie regelmäßig. Zweimal am Tag ist besser als einmal; einmal am Tag ist besser als keinmal.

11. Energie vom Himmel

Beim Hsin Tao nehmen wir Energie durch das Vierte Auge auf und leiten sie hinunter in den Bauch. Dieses Vierte Auge oder Himmlische Auge befindet sich in der Stirnmitte, etwa 2,5 cm über dem Dritten Auge. Seine Funktion ist es, »Energie vom Himmel« in den Körper zu ziehen.

Traditionell bedeutet Energie vom Himmel Energie aus dem Himmlischen Reich des Gelben Kaisers. Dies ist eine sublime Form von Energie, die uns zu rechtem Handeln führt.

In unserer modernen Zeit können wir das traditionelle Konzept der Energie vom Himmel durch unsere persönlichen Vorstellungen ersetzen. Was auch immer Ihr Bild von göttlicher Vollkommenheit sein mag, das sollten Sie als Ihre Energie vom Himmel verwenden. Wenn Sie religiös sind und sich einen »Himmel« vorstellen können, ist es für Sie am sichersten, Energie aus diesem Himmel hereinzuziehen und sie zum Unterleib zu leiten. Wenn in Ihrem Glaubenssystem kein Himmel existiert, sondern stattdessen vielleicht ein kosmisches, spirituelles Reich, dann sollten Sie Energie aus diesem Kosmos durch das Vierte Auge aufnehmen.

Atheisten können einfach kosmische Energie aus den Tiefen des Universums ins Vierte Auge ziehen. Buddhisten, die verschiedene Buddhas, Bodhisattvas und Gottheiten verehren, können Energie aus einem Bild ihrer höchsten Gottheit oder eines großen Bodhisattva ziehen. Ebenso können Hindus Energie von ihrem bevorzugten Götterbild aufnehmen.

Energie vom Himmel ist eine besondere Form der Energie. In der Tat ist es eine Art von Energievorstufe, also keine Form von Energie, wie wir sie kennen. Sie existiert im Kosmos als potenzielle Energie, wobei es sich aber nicht um eine rein imaginäre Substanz handelt. Sie existiert tatsächlich als Potenzial für messbare Energie und stellt als solche eine hochwirksame Substanz dar. Die Quantenphysiker haben erkannt, dass dieses Potenzial einen sehr realen Teil des Universums bildet. In Hsin Tao machen wir davon in vollem Umfang Gebrauch, schreiben es dem Reich des »Himmels« zu und betrachten es als die unerschöpfliche Quelle dieses Energierohstoffs. Aus dieser Quelle können wir jeden Tag, jede Minute schöpfen, um unseren eigenen Vorrat an körperlicher Energie zu vermehren, während wir gleichzeitig den kosmischen Urheber »rechten Handelns« in uns aufnehmen.

Der Fluss der Energie vom Vierten Auge hinab zum Solarplexus beginnt in der Vorstellung, wird aber im Laufe des Übens zu einer spürbaren Empfindung. Durch Übung kann sich das zu einer ekstatischen Erfahrung steigern. Energie vom Himmel ist eine direkte Verbindung zur Quelle unserer inneren Stärke. Diese Energie anzuziehen ist eine natürliche Funktion des Körpers, die bei Kindern noch voll ausgeprägt ist. Doch wenn wir älter werden, verlieren wir diese Fähigkeit. Diese Dynamik wieder in Gang zu setzen bedeutet, den Körper einfach an etwas zu erinnern, das er längst weiß und kann.

Indem wir unsere Verbindung mit dieser Quelle göttlicher Energie stärken, steigern wir die Abwehrmechanismen, die innere Kraft, die emotionale Stärke und Widerstandsfähigkeit unseres Körpers. Himmlische Energie durch das Vierte Auge aufzunehmen ist von enormem Nutzen, selbst wenn kein anderer Aspekt von Hsin Tao geübt wird.

Viele Leute fragen, worin der Unterschied zwischen dem Vierten Auge in der Stirnmitte und dem bekannteren Dritten Auge zwischen den Augenbrauen besteht. Wir empfangen göttliche Liebe durch das Vierte Auge. Wir projizieren Liebe durch das Dritte Auge. Auf fortgeschritteneren Stufen von Hsin Tao kann ein Gefühl ekstatischen Glücks den Übenden überwältigen. Dies ist der Zeitpunkt, da Liebe durch das Dritte Auge am wirkungsvollsten in die Welt ausgesandt werden kann.

12 Die Decke als Boden

Beim Üben von Hsin Tao gibt es zwei Anzeichen für Erfolg. Das erste ist Wärme. Es kann sein, dass Sie irgendwo im Körper, besonders im Unterleib, Wärme spüren. Dies ist aber nicht das Ziel der Übung, sondern ein Zeichen dafür, dass die Bewegungen ihre Wirkung zeigen. Diese durch langsame, sanfte Bewegungen erzeugte Wärme ist für den ganzen Organismus von großem Nutzen.

Das nächste Zeichen, das Sie erwarten dürfen, ist Feuchtigkeit. Zuerst werden Sie wohl vermehrt Speichel in der Mundhöhle spüren. Wenn Sie merken, dass Ihr Mund voll Speichel ist, dann schlucken Sie ihn hinunter – durch Hsin Tao soll sich ein ausgezeichneter Speichel bilden. Auch kann sich Feuchtigkeit auf der Haut in Form von Schweiß bilden. Durch diese langsamen, nicht kraftvollen Übungen erzeugter Schweiß bedeutet eine ganze Menge. In erster Linie lösen Sie so Giftstoffe aus der Tiefe des Organismus heraus, und zweitens verbrennt der Körper dabei Fett.

Das dritte Anzeichen ist Feuchtigkeit im Bereich des Afters. Wenn sich Speichel, Schweiß und Feuchtigkeit im Analbereich bilden, wissen wir, dass der ganze Organismus begonnen hat, seine inneren Flüssigkeiten zu produzieren. Ich nenne das Befeuchtung von innen nach außen.

Es kann viele Jahre dauern, bis das vierte und letzte Anzeichen von Feuchtigkeit gebildet wird. Diese Erfahrung ist ein süßer Nektar, der vom Obergaumen auf die Zunge tropft. Dieses Zeichen bedeutet, dass die Essenz des Körpers in heilende, durch den Körper kreisende Ambrosia umgewandelt wurde.

Wenn Sie zu üben beginnen, kann es anfangs zehn oder sogar zwanzig Minuten dauern, bis Sie irgendwelche Anzeichen von Erfolg verspüren. Die Zeit, die es braucht, bis Sie Wärme zu spüren beginnen, die sich in Schweiß verwandelt, variiert bei jeder Person je nach ihrer angeborenen Konstitution.

Es kann sein, dass eine Person mit kalter Konstitution Wochen oder sogar Monate braucht, um genügend Wärme zu entwickeln, während jemand mit heißer Konstitution innerhalb von Minuten Wärme fühlen kann. Wenn man altert, ändert sich die Konstitution. Das Innere des Körpers kühlt dann natürlicherweise ab.

Unsere Lebensweise kann diesen Prozess beschleunigen. Wenn Sie ein Mann sind und in Ihrem Leben viel Sex hatten, sind Sie im Innern vielleicht sehr kühl geworden. Sind Sie eine Frau, kann das Gegenteil zutreffen. Ein reduziertes Geschlechtsleben, wie es in späteren Jahren normal ist, kann die Abkühlung verstärken. In diesem Fall sollten Sie etwas anderes tun, um Wärme und Feuchtigkeit im unteren Energiezentrum zu aktivieren. Hsin Tao ist die perfekte Übung für Frauen, um die Wärme wieder anzufachen und zu bewahren, ohne eine anstrengende sportliche Aktivität aufnehmen zu müssen.

Die Bewegungen des Hsin Tao haben eine kumulative Wirkung. Dauert es in dieser Woche noch zehn Minuten, um Wärme zu erzeugen, sind es in einigen Wochen nur noch fünf Minuten. Deshalb kann man sagen, dass Ihre »Decke« zu Ihrem »Boden« wird. Das heißt, die Leistung, die Sie in dieser Woche erreichen, kann in den kommenden Wochen zu Ihrer Ausgangsposition werden. Eine solche Vertiefung und Verbesserung der Arbeit wird aber nicht durch Mühe oder Anstrengung erreicht. Wenn Sie mehr Wärme und Feuchtigkeit entwickeln wollen, müssen Sie länger üben und sich mehr entspannen. Versuchen Sie, beim Üben immer mehr loszulassen. Um Ihre Decke immer wieder zum Boden zu machen, ist einfach sanfte Wiederholung nötig. Regelmäßiges, entspanntes und müheloses Training bringt Sie automatisch voran.

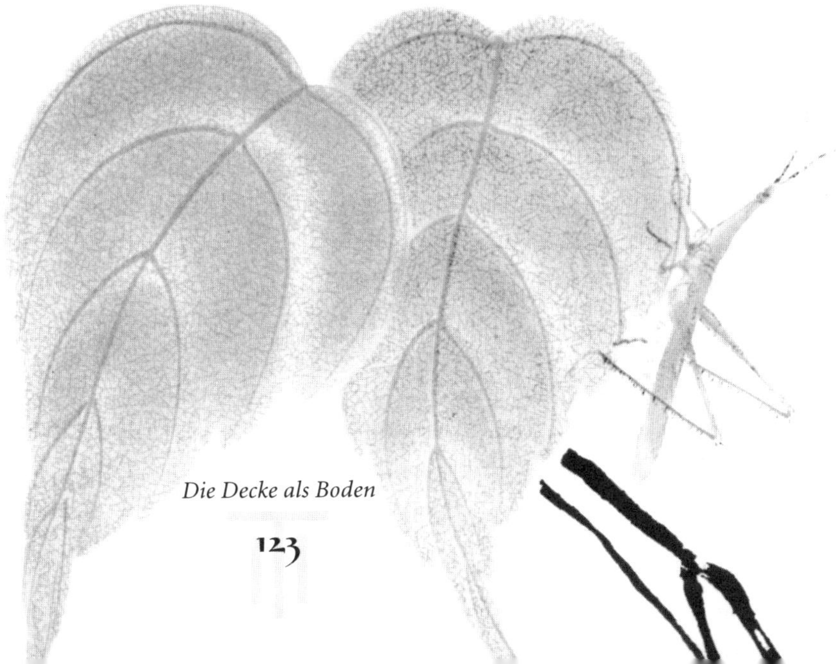

Die Decke als Boden

13. Fehler

Viele Leute, die anfangen, Hsin Tao zu üben, denken, sie machen es nicht richtig. Vor dem Hintergrund anderer Disziplinen meinen sie, die Bewegungen wirklich perfekt ausführen zu müssen, bevor sie irgendwelche Ergebnisse erhalten. Das ist nicht richtig. Wir beurteilen das Üben nach den oben genannten Anzeichen für Erfolg. Solange Sie sich nicht anspannen und verletzen, können Sie eigentlich nichts falsch machen. Die Regel lautet: Sie können bei Hsin Tao nur zwei Fehler machen. Der erste Fehler ist, sich zu sehr anzustrengen. Die zweite ist, sich mental zu knechten.

Im ersten Fall kommt es darauf an, nicht unbedingt Ergebnisse erzielen zu wollen. Sie sollten immer aufpassen, keinen Teil von sich zu überanstrengen. Vor allem müssen Schmerzen unbedingt vermieden werden. Auch ist es nicht das Ziel der Bewegungen, die Muskeln zu trainieren oder Dehnbarkeit und Flexibilität zu erreichen. All diese Dinge geschehen automatisch. Wenn Sie mit Hsin Tao arbeiten, als ob es ein normales Fitnesstraining wären das sich auf Muskelkraft, Beweglichkeit und Geschicklichkeit konzentriert, grenzen Sie seine Wirkung ein. Deshalb sollten Sie unbedingt darauf achten, die Übungen nicht als Selbstzweck zu betrachten. Hsin Tao ist eine Technik zur Selbstheilung und Regeneration, kein Fitnessprogramm. Die Möglichkeiten der physischen Veränderung durch diese Bewegungen gehen nach meiner Erfahrung weit über ein normales Übungsprogramm hinaus. Es scheint, als ob Hsin Tao eher mental als körperlich wirkte.

Einer meiner Klienten weigerte sich, mehr als einmal pro Woche zu üben, aber er ging die Bewegungen täglich mental durch, indem er sich bis ins Detail vorstellte, wie er sie durchführte. Nach drei Monaten eines solch dilettantischen Vorgehens nahm er sich vor, wieder mit Jogging anzufangen, nachdem er fünf Jahre lang überhaupt keinen Sport getrieben hatte. Eines Abends beschloss er nach der Arbeit, siebzehn Häuserblöcke weit zum Strand und wieder zurück durch den sommerlichen Dunst von Los Angeles zu laufen. Als er wieder an seiner Haustür ankam, stellte er zu seiner Überraschung fest, dass er nicht außer Atem geraten war. Die wöchentliche Übung von Hsin

Tao, sowohl physisch als auch überwiegend mental, hatte seinen Körper irgendwie fit genug gemacht, um etwa sechs Meilen laufen zu können, ohne zu ermüden. Er war ganz aufgeregt, als er mir am nächsten Morgen seine Geschichte erzählte, die ihm als Beweis dafür diente, dass etwas, das ich als unvollständiges Übungsprogramm kritisierte, bei ihm dennoch funktioniert hatte. Ich kann diese Übungsmethode nicht empfehlen, und die Ergebnisse sind dabei sicher begrenzt. Dennoch war dieser Mann in der Lage, seinen Körper leistungsfähiger zu machen, auch wenn es bei ihm nicht zu einer unfassenden Heilung reichte. Körperlich hatte er den Vorteil einer heißen Konstitution, sodass er weniger Übung brauchte, um zur ersten Stufe des Erfolgs zu gelangen.

Durch meine Beobachtungen habe ich klar erkannt, dass man umso mehr Erfolg hat, je mehr man beim Üben entspannen kann. Lassen Sie mehr los, strengen Sie sich weniger an und vermeiden Sie Schmerzen. Wenn Sie Schmerz verspüren, heißt das, dass Sie sich zu sehr anstrengen. Vielleicht sollten Sie die Bewegungen kleiner machen. Finden Sie heraus, wie Sie den wunden Punkt vermeiden können.

In der schlimmsten Phase meines PPS wurde ich von schweren Krämpfen geschüttelt, die durch meinen ganzen Rumpf schossen. Sie waren so schmerzhaft, dass ich zu Boden zu stürzen pflegte, unfähig, mich zu bewegen. Nach einem solchen Anfall dauerte es gewöhnlich mehrere Wochen, manchmal sogar Monate, bevor ich wieder normal sitzen und gehen konnte. Nachdem ich Hsin Tao kennen gelernt hatte, wurde ich noch einmal von einem dieser lähmenden Krämpfe befallen. Da ich, nachdem ich so konkrete Besserungen meines Zustands erfahren hatte, nicht mit dem Üben aufhören wollte, stellte ich mich mühsam auf meine Füße und begann, vor- und zurückzuschaukeln und die erste Übung im Stehen zu machen. Ich führte die Bewegungen so winzig aus, dass sie ein Zuschauer kaum hätte wahrnehmen können. Obwohl ich damals vor Schmerzen kaum gehen konnte, gelang es mir, diese Übung in Verbindung mit dem Atem auszuführen, ohne den geringsten Schmerz zu verursachen. Ich setzte das fünf bis zehn Minuten lang fort, oder so lange, bis ich merkte, dass ich drauf und dran war, mich anzuspannen. Ich wiederholte diese winzige schmerzlose Bewegung zwei- bis dreimal am Tag, während ich ansonsten im Bett liegen musste. Als ich das erste Mal auf diese Weise übte, reduzierte sich die Zeit bis zu meiner Erholung von den Krämpfen von fünf auf drei Wochen.

Mit einem gewaltigen Gefühl der Erleichterung empfand ich das wie ein Wunder. Damals war ich gewohnt, häufig, ja fast regelmäßig von Krämpfen befallen zu werden. Und jedes Mal, wenn ich diese Technik auf diese schmerzlose Weise anwandte, verkürzte sich die Erholungszeit weiter. Im Lauf der Zeit und durch fortgesetztes Üben traten die Krämpfe immer seltener auf. Die Schwere der Krämpfe ließ Monat um Monat nach, und meine Erholung dauerte nur noch Tage statt Wochen.

Schmerz ist ein sicheres Anzeichen für zu viel Anstrengung. In unserer modernen Gesellschaft, in der Leistung und Ausdauer eine so große Rolle spielen, ist es manchmal schwer, ein System zu verstehen, in dem Schmerz nicht gleich Gewinn ist.

Eine andere Form der Belastung ist mentaler Stress. Wenn man die Bewegungen mit einer selbstkritischen Einstellung übt, erzeugt man zwangsläufig eine Art von Stress, der die Wirksamkeit der Technik vermindert. Man sollte eine Art von Laissez-faire-Einstellung kultivieren, bei der man sich mehr beobachtet als bemüht. Auf diese Weise lassen sich Abweichungen von der perfekten Form mit Interesse anstatt mit Selbstkritik betrachten. Unser Verstand könnte damit beschäftigt sein, sanfte Wege zu finden, um die Bewegungen harmonischer zu machen und sie der richtigen Form anzunähern, ohne tatsächlich nach Perfektion zu streben. Auf diese Weise können wir beobachten, was wir tun, während wir Körper und Atem auf ihre eigene natürliche Weise fließen lassen.

Ich habe immer wieder erlebt, dass Praktizierende erfahren, wie Blockaden in ihrem Energiefluss und in ihrer Fähigkeit, mentalen Stress loszulassen, sich auflösen, wenn sie längere Zeit üben. Während diese Blockaden verschwinden, verbessert sich die Form ihrer Übungen mühelos – von selbst.

Anscheinend hängt die Unfähigkeit, die Bewegungen zu perfektionieren, direkt mit den persönlichen Blockaden und Disharmonien zusammen. Man muss geduldig warten, bis man durch den Prozess der Klärung und der Ausbalancierung geführt wird. Im Anschluss daran stellen viele Praktizierende oft fest, dass sie der perfekten Form näher gekommen sind.

Ebenso ist es wichtig, die Ergebnisse zu beobachten, aber nicht, sie zu erreichen. Man sollte nicht an vorgefassten Meinungen über die Wirkungsweise dieser Übungen festhalten. Auch sollte man nicht versuchen, die zuvor erfahrenen Wirkungen zu wiederholen. All diese Einstellungen führen zu irgendwelchen Formen von Bemühung. Vielmehr sollten Sie eine frei fließende Wahrnehmung dessen zulassen, was die Übung bewirkt. Beobachten Sie sich während des Tages, um subtile Schwankungen Ihres Energieniveaus, Ihres Schmerzpegels oder Ihres emotionalen Zustands zu registrieren. Wie bei der Heilung kommen die Ergebnisse in Wellen. Wir müssen dieses Auf und Ab akzeptieren, das sich in Übereinstimmung mit den Rhythmen unseres Körpers manifestiert. Je mehr wir uns in einen Beobachtungs- statt in einen Tätigkeitsmodus versetzen können, desto wirkungsvoller wird unsere Arbeit sein. Schon der Versuch, die erforderliche Zeit zu üben, kann zu übermäßiger Bemühung und Belastung führen. Lassen Sie sich lieber von den Bewegungen faszinieren und mittragen.

Oft gelangt man bald nach dem Beginn der Übung in eine Art leichten Trancezustand. Wenn dies geschieht, gehen Sie einfach mit. Erlauben Sie der Trance, Sie mitzunehmen. In diesem Zustand scheint die Zeit zu verschwinden. Oft dachte ich, erst zehn Minuten geübt zu haben, um dann festzustellen, dass fast eine Stunde vergangen war. Zu anderen Zeiten glaubte ich, ich hätte mindestens eine Stunde geübt, um dann zu bemerken, dass es bloß zehn Minuten waren.

Wenn Ihre Zeit begrenzt ist, ist es am besten, einen Wecker zu stellen, der Ihnen das bevorstehende Ende Ihrer Sitzung anzeigt. So brauchen Sie nicht an die Uhr zu denken und können sich mit der Bewegung und dem Atem treiben lassen. An Zeitbeschränkungen zu denken, ist ebenso belastend wie der Versuch, einen bestimmten Zeitraum mit Bewegung auszufüllen.

Es ist schwer zu glauben und in einem modernen Kontext äußerst ungewöhnlich, dass alle formalen Fehler in Wirklichkeit keine Fehler sind. Die wirklichen Fehler sind zu viel körperliche Anstrengung oder mentale Belastung.

Alle traditionellen Vorstellungen von Anstrengung und Stress werden durch einfache Wiederholung ersetzt. Am wirksamsten ist es, regelmäßig täglich zu üben. Sanfte Wiederholung bringt Erfolg – ein Konzept, das im Gegensatz zum zweimaligen harten Workout pro Woche steht. Beim Workout zerstört man Zellen, um Neuwachstum zu erreichen. Beim Hsin Tao achten wir darauf, es nicht so weit zu treiben, dass Muskelzellen zerstört werden.

Erfahrene Praktizierende gehen mit einer so raffinierten Sanftheit an die Arbeit heran, dass die inneren Muskelsysteme aktiviert werden. Unser üblicher Ansatz beim Sport besteht darin, es großen Gruppen von äußeren Muskeln zu erlauben, die innere Muskulatur zu stützen. Dasselbe geschieht bei unserer täglichen Aktivität. Während der Körper altert, führt die einseitige Belastung äußerer Muskelgruppen zur Schwächung der inneren Muskulatur. Sie können feststellen, dass Leute in ihren reiferen Jahren versuchen, sich ausschließlich auf diese externen Muskelgruppen zu stützen, während ihre internen Systeme gewöhnlich dazu neigen, aus Schwäche durchzuhängen und zu erschlaffen. Diese internen Muskelgruppen sind aus vielen, oft winzigen Muskeln zusammengesetzt. Muskeln, so klein wie die Spitze Ihres kleinen Fingers, stützen die Wirbelsäule. Gruppen dieser winzigen Muskeln stützen auch andere Teile des Skeletts und die großen Muskelsysteme.

Wenn ein Säugling seine Kräfte stärkt, tut er dies durch sanfte und entspannte Bewegung, wodurch er die innere Muskulatur kräftigt. Später beginnt er, seine externe Muskulatur zu entwickeln. Wenn wir älter werden, achten wir ausschließlich auf die äußere Muskulatur – auf Kosten der inneren. Viele ältere Leute werden Ihnen sagen, dass sie sich im Innern schwach fühlen, selbst wenn sie starke Arme und Beine haben. Dabei beginnt die Wirbelsäule zusammenzusacken, schiebt sich der Kopf auf einem schrägen Hals nach vorn und scheint der Körper in einer Art innerem Zusammenbruch zu schrumpfen.

Sich mit äußerster Entspannung und Mühelosigkeit zu bewegen bringt die kleineren Muskeln des internen Muskelsystems dazu, sich zu entwickeln. Gewichtheben stärkt diese Gruppen von kleineren Muskeln nicht. Allein die sanfte Wiederholung regt diese Muskeln an. Sobald wir uns anstrengen, überlassen wir den externen Muskelgruppen die Führung. Und dies führt dazu, dass sich Schwäche in uns entwickelt.

Sich mehr und mehr auf die interne Muskulatur zu stützen und diese so oft vernachlässigten winzigen Muskeln zu stärken bewirkt, dass wir eine andere Art

Stärke erfahren. Es ist eine Art innere Stärke, die sich auch auf die Psyche des Praktizierenden auswirkt.

Viele Leute bauen ihre Persönlichkeit so auf, dass sich nach außen eine starke Persona zeigt, die eine verwundbare, empfindliche innere Natur schützt und unterstützt. In solchen Fällen ist die Psyche so damit beschäftigt, das schwächere innere Selbst zu schützen, dass sie manchmal unnötig harte Verhaltensmuster entwickelt, welche unsere wahre Natur nicht reflektieren.

Wenn wir den Körper auf einer sehr tiefen Ebene stärken können, indem wir die kleinen inneren Muskelsysteme, die den ganzen Körper stützen, kräftigen, beginnen wir, eine neue Art von Stärke zu entwickeln – echte Stärke, die aus unserem innersten Selbst kommt.

Diese psychologische Verschiebung kann erfolgen, weil wir uns auf einer inneren Ebene stark genug fühlen. Innere Stärke impliziert Vertrauen. Es ist die Fähigkeit, uns aus unserem tiefsten Inneren heraus ohne Furcht auszudrücken, ohne die Furcht, verletzt zu werden oder das verletzliche Wesen in unserem Kern zu offenbaren. Unsere Stärke physisch auf diese Weise von außen nach innen zu verschieben hat Auswirkungen auf viele Ebenen unseres Seins.

14. Schmerz ist kein Gewinn

Man sollte sich beim Üben von Hsin Tao vor Augen halten, dass Schmerz keinen Gewinn bedeutet. Es ist tatsächlich nicht wichtig, wie klein Ihre Bewegungen sind, solange sie mit dem Atem zusammengehen. Es ist jedoch sehr wichtig, dass Sie jedweden Schmerz vermeiden.

Wir sind oft so sehr daran gewöhnt, mit Schmerzen zu arbeiten, vor allem, wenn wir chronische Beschwerden haben, dass ein leichtes Stechen in Ordnung zu sein scheint und sich manchmal sogar gut anfühlt. Bei Hsin Tao hat Schmerz überhaupt nichts zu suchen. Selbst wenn Sie nur den leichtesten Schmerz spüren, sollten Sie Ihre Bewegungen korrigieren und einen Weg um den Schmerz herum finden. Selbst wenn Sie Ihre Bewegungen so winzig machen müssten, dass niemand sie sehen könnte, wäre das besser, als mit Schmerzen zu üben. Wenn die Bewegung von selbst größer wird – ohne dass Sie bewusst versuchen, sie größer zu machen – und wenn dies nicht wieder Schmerzen auslöst, dann ist das völlig richtig. Gehen Sie mit.

Es ist von höchster Wichtigkeit, mit sich so sanft wie möglich umzugehen. Bleiben Sie beim Üben immer unterhalb Ihrer Grenzen. Beim Üben werden Sie einen Punkt erleben, an dem Leichtigkeit in Mühe umschlägt. Wenn ich Mühe sage, meine ich damit nicht Anstrengung. Mühe kommt lange vor der Anstrengung. Es ist der Unterschied zwischen einem Gefühl der Leichtigkeit, einer Art von mühelosem Schweben, und dem Gefühl, an der Sache arbeiten zu müssen. Dieser Übergang zwischen Leichtigkeit und Mühe ist Ihre Grenze. Nur Sie selbst können sagen, wo diese Grenze liegt. Experimentieren Sie, um herauszufinden, an welchem Punkt Sie Ihre Grenze überschreiten, und reduzieren Sie dann Ihre Mühe. Es ist von Vorteil, stets unterhalb Ihrer persönlichen Grenze zu arbeiten.

Sogar wenn wir glauben, dass wir ganz wenig Mühe aufwenden, setzen wir gewöhnlich all unsere Ressourcen ein, indem wir uns zu guten Leistungen zwingen. In vielen Ländern, die ich besucht habe, legt man großen Wert darauf, an die Grenze oder sogar darüber hinaus zu gehen. Dies ist eines der schwierigsten Konzepte, die in den Köpfen der Übenden aufzulösen sind.

Tatsächlich werden die besten Ergebnisse bei den Hsin-Tao-Techniken nicht dadurch erreicht, dass man sich unter Druck setzt. Auch wenn Sie sich mental noch so sehr davon zu überzeugen suchen, Ihren Körper können Sie nicht dazu überreden, unterhalb seiner Grenzen zu arbeiten. Der Körper muss es erfahren. Die meisten von uns haben sich den größten Teil ihres Leben daran gewöhnt, wie es ist, hart zu arbeiten. Wir bitten den Körper jetzt darum, seine Erfolgsmethoden zu verlernen, ohne in unserem Alltag auf Erfolg zu verzichten. Dazu braucht es Zeit und Übung.

Soziale Konditionierung ist ebenfalls verantwortlich für unsere (Un-)Fähigkeit, loszulassen und unterhalb unserer Grenzen zu arbeiten. Diejenigen, die auf meinen Reisen damit die größten Schwierigkeiten hatten, waren die Amerikaner – leistungsorientiert, enthusiastisch, intelligent und engagiert. Natürlich widerstrebt ihnen alles, was man normalerweise Faulheit nennen könnte.

Diejenigen, die am leichtesten davon zu überzeugen waren, dass sie mehr erreichen können, wenn sie sich weniger Mühe geben, waren die Finnen – gewohnt an lange Wintermonate der relativen Untätigkeit, erprobt im Warten, gelassen und fähig, sich ohne großen Aufwand zu konzentrieren.

In all unseren westlichen Gesellschaften wird Entspannung damit gleichgesetzt, träge und bewegungslos zu sein, am Strand zu liegen, vielleicht eine Unterhaltungssendung anzusehen oder massiert zu werden. Selten wird wahre Entspannung – vom Typ »gemütlich am Strand liegen« – mit Bewegung und Atmung in Verbindung gebracht. Es ist eine Umorientierung des Denkens und der körperlichen Erfahrung, die unsere Lebensweise ändern kann.

Für alle gehört es zu den schwierigsten Aspekten von Hsin Tao, sich zu erlauben, nicht an ihre Grenzen zu gehen. Sie sollten spüren lernen, dass Sie tatsächlich etwas gut machen, obwohl Sie dabei in keinem Teil von sich selbst Schmerz, Mühe oder Stress verursachen. Es ist ein Umdenken, das wirklich sehr lohnend sein kann. Finden Sie Ihre Grenzen und arbeiten Sie unterhalb davon. Sie werden wahrscheinlich merken, dass Sie viel produktiver sind und mehr leisten können und dass dies weit reichende Auswirkungen auf Ihr Leben hat.

Versuchen Sie zu entdecken, wie gut Sie entspannen, mit wie wenig Mühe Sie auskommen und wie weit Sie wirklich loslassen können. Wenn Sie das regelmäßig üben, werden Sie vielleicht merken, dass Sie die Schranken der Entspannung durchbrechen. Das Niveau der Entspannung, bei dem Sie sich jetzt wohl fühlen, dürfte Ihnen in den kommenden Wochen nicht entspannt genug vorkommen. Sie werden merken, dass Sie noch mehr entspannen und loslassen können. Dies kann zwei- oder dreimal geschehen, bis Sie in der Praxis mit dem Niveau von wirklicher Entspannung und Leichtigkeit vertraut werden, das Ihr wahres Niveau des Loslassens ist. Dadurch erreichen Sie in sich selbst Stufen der Entspannung, die sich auf Ihren Alltag auszuwirken beginnen.

Nach meiner Erfahrung werden die Ergebnisse umso besser, je mehr Sie sich entspannen. Je deutlicher die Ergebnisse, desto mehr wollen Sie während des ganzen Tages Ihre Entspannung und Ihre Geistesruhe bewahren.

Eine Kundin Ende fünfzig aus der Schweiz kam nach Monaten der Hsin-Tao-Übung zu mir. Sie hatte herausgefunden, dass die Praxis ihr ganzes Leben stabilisiert hat. Zum ersten Mal seit Jahren fühlte sie sich zentriert, entspannt und gesund. Im Verlauf weniger Wochen merkte sie, dass das magische Gefühl, das sie in den vorausgegangenen Monaten empfunden hatte, und die Gefühle von Wohlbefinden und Stille nun nicht mehr so stark waren wie zuvor. Sie begann, sich Mühe zu geben, länger zu üben, sich stärker zu konzentrieren und die Bewegungen besser zu machen; sie versuchte sogar, täglich zwei- bis dreimal zu üben. Doch ganz gleich, wie viel Mühe sie sich dabei auch gab, nichts schien zu funktionieren. Schließlich begann sie zu bezweifeln, ob die Übungen auf lange Sicht tatsächlich funktionierten, und dachte sich, dass sie vielleicht anfangs bei ihr gewirkt hätten, aber jetzt ihre Wirkung getan hätten und nicht mehr von Nutzen seien. Da dies in ihrem Leben bisher das Einzige war, das ihren Rücken in einen befriedigenden Zustand versetzt hatte, war sie überhaupt nicht glücklich bei der Aussicht, dass die Wirkung der Praxis nachlassen könnte. Traurig erklärte sie mir ihre Situation. Während ich ihr zuhörte, schien es mir, dass der bloße Wunsch, in der Übung tiefer zu gehen, ihre Bemühungen untergraben hatte. Ihr Wunsch, die positiven Wirkungen der Bewegungen weiterzuentwickeln, hatte dazu geführt, dass diese Frau etwas erreichen wollte. Zuerst war es nicht so sehr die zusätzliche Bemühung, sondern ihr

Enthusiasmus, der letztlich ihre Übungsweise beeinflusste. Als sie merkte, dass die Wirkungen nachließen, versuchte sie es noch mehr, und während ihre Sorge wuchs, strengte sie sich sogar noch mehr an. Endlich gab sie alles frustriert auf, weil sie dachte, sie hätte etwas falsch gemacht.

In der Tat hatte sie den Fehler gemacht, überhaupt etwas zu versuchen. Sobald sie auf einer Stufe angekommen war, auf der sie sehen konnte, wie die Bewegungen kumulativ wirkten, hätte sie mehr loslassen sollen – sogar den Gedanken, überhaupt irgendwelche Ergebnisse zu erzielen. Während wir darüber sprachen, merkte sie, dass ihr eigener Enthusiasmus sie gefangen genommen hatte.

Sie begann aufs Neue mit der Affirmation, dass sie überhaupt nichts versuchen und sich nicht mehr um die Ergebnisse kümmern wollte, ganz gleich, ob sie das begehrte Gefühl erfuhr, an das sie sich gewöhnt hatte. Für sie kam es jetzt nur noch darauf an, regelmäßig zu üben. Sogar das Maß an Zeit, das sie für die Bewegungen aufwendete, war nicht mehr wichtig für sie. Mit diesem festen Vorsatz begann sie wieder zu üben und erhielt sofort Resultate.

Obwohl sie bemerkte, dass die alten Gefühle wieder zurückkamen, ließ sie sich nicht darauf ein. Stattdessen fuhr sie fort zu üben, während sie versuchte, sich dabei immer weniger zu bemühen. Sie beobachtete einfach mit einer gewissen Distanz die Wärme, die Feuchtigkeit, das Gefühl meditativer Stille, die sie überkamen. Ihr Augenmerk lag auf dem Loslassen und dem Bewegen aus dem Zentrum heraus – und dem Versuch, Bewegungen und Atem fast völlig mühelos geschehen zu lassen.

Sie merkte nicht nur, wie die alten Empfindungen zurückkehrten, sondern stellte auch zwei deutliche Unterschiede fest. Zum einen traten Wärme, Feuchtigkeit und das Gefühl des Friedens schneller als zuvor auf. Zum andern waren die Wirkungen stärker als je zuvor. Obwohl sie zuvor geglaubt hatte, sie würde sich entspannen, reichte dieses frühere Niveau von Entspannung nicht mehr aus. Sie hatte eine neue Stufe des Übens erreicht, und statt sich mehr Mühe zu geben, musste sie in ihrem Bemühen nachlassen.

Ich habe ähnliche Erfahrungen gemacht. In meiner anfänglichen Begeisterung über die Ergebnisse habe ich mich immer wieder dabei ertappt, wie ich irgendetwas versuchte. Es ist schwer, sich vorzustellen, wie wenig Mühe man aufwenden muss, besonders, wenn man erfahrener wird. Das Maß an Bemühung, das ich jetzt in die Hsin-Tao-Arbeit stecke, wäre mir lächerlich vorgekommen, als ich mit dem Üben anfing. Dennoch hatte ich durch mindestens drei Stufen des Loslassens zu gehen. Dabei erfuhr ich jedes Mal auf tief greifende Weise, wie die kumulativen und mühelosen Wirkungen des Übens zunahmen.

15. Barrieren

Weil Hsin Tao auf der körperlichen, seelischen und geistigen Ebene zugleich wirkt, ist zwangsläufig auch die Psyche des Übenden betroffen. Und wenn wir Veränderungen auf einer so tiefen Ebene anregen, können Barrieren auftauchen.

Die erste Hürde besteht darin, sich zum Üben anzuhalten. Irgendetwas in Ihnen besteht darauf, dass nichts sich ändert. Es will so bleiben, wie es immer gewesen ist, ohne Rücksicht darauf, wie unbequem dieses gewohnte innere Muster geworden sein mag. Eine Stimme wird sich in Ihrem Innern erheben, die sich als Mattigkeit äußert. Sie besteht darauf, dass es nicht der Mühe wert ist, Ihr Becken oder Ihre Arme zu bewegen oder sich zu setzen, um auch nur für einen Moment ruhig zu atmen. Ihre Gewohnheiten werden versuchen, sich zu behaupten, und anstatt eine halbe Stunde mit dem Üben von Hsin Tao zu verbringen, würden Sie lieber eineinhalb Stunden fernsehen. Dieses Verbot, mit der Praxis zu beginnen, ist die erste mentale Barriere.

Die zweite Barriere tritt normalerweise auf, nachdem Sie zu üben begonnen haben. Dann wird auf einmal alles andere unwiderstehlich wichtig – außer dem, was Sie gerade tun. Wenn Sie diese mentale Ablenkung lediglich als Barriere erkennen, verschwindet sie wahrscheinlich innerhalb von 30 Sekunden, und Sie werden sich wieder in das vertiefen können, was Sie gerade tun.

Ihre Sitzung an dieser Barriere zu beenden schafft ein Muster. Ich habe bei einer Anzahl von Klienten die Zeit gestoppt, nach der sie unwissentlich an dieser Barriere angehalten haben. Bei all diesen Klienten trat sie zwischen fünf und fünfeinhalb Minuten auf nachdem sie zu üben begonnen hatten. Nachdem sie die Übung einmal unterbrochen hatten, dauerte es jedes Mal genauso lange, bis die folgende Barriere auftauchte – zwischen fünf und fünfeinhalb Minuten.

Es ist immer am besten, die Barriere vor dem Beenden der Übung vorbeigehen zu lassen. Auf diese Weise geben Sie sich die Gelegenheit, die Übung auf ihren eigenen natürlichen Zeitrahmen auszudehnen.

Eine andere Art der Barriere ist die Langeweile. Eine meiner Klientinnen kam zu mir, nachdem sie ein paar Monate geübt und wesentliche Ergebnisse für sich erreicht hatte. Sie klagte darüber, dass sie sich nach dieser ganzen Zeit zu langweilen begann und folglich die Resultate und die positiven Veränderungen, die sie erfahren hatte, nicht anhielten. Ich fragte sie, was Langeweile wirklich für sie bedeutete. Nachdem sie eine Weile überlegt hatte, beschrieb sie diese Erfahrung als den Wunsch, über etwas anderes nachzudenken als das, was sie gerade tat. Dieser Wunsch, ihre Aufmerksamkeit von der Übung abzulenken, veranlasste sie dazu, ganz mit dem Üben aufhören zu wollen.

Als Ursache für diese Reaktion vermutete ich eine Art von mentalem Stress und mentaler Anstrengung. Ich gab ihr zu verstehen, dass sie sich zu sehr anstrengte, ihren Verstand zu konzentrieren. »Ja«, antwortete sie, »ich möchte ständig meinen Verstand klären und in diesen klaren, entspannten Zustand gelangen, den ich zuvor erfahren habe.« Ich wollte von ihr wissen, wie sie sich am Ende der Übung fühlte. Sie bestätigte, dass sie sich ruhig, klar und entspannt fühlte, während sich ihr Körper so anfühlte, als hätte er ein vollständiges Workout hinter sich. Ich erklärte ihr, dass das, was während der Übung geschieht, für uns nicht das Wichtigste ist. Obwohl ein Teil unserer Aufmerksamkeit sich auf diese Abläufe von Bewegung und Atem richten sollte, sind für uns die Wirkungen dessen, was wir tun, viel interessanter. Wie wir uns nach der Übung und während des Tages fühlen, ist wichtiger als die Frage, wie ruhig unser Verstand während der Übung ist.

Ich schlug ihr vor, nicht mehr zu versuchen, während ihrer Übungssitzungen in einem meditativen Zustand zu verweilen. Stattdessen sollte sie ihren Geist treiben lassen, wohin er wollte, um ihn dann sanft zur Aufmerksamkeit auf die körperlichen Bewegungen zurückzubringen, ohne zu versuchen, jeden anderen Gedanken auszuschließen. Nach einer Woche kam sie strahlend zu mir zurück und rief aus: »Die Langeweile ist vergangen! Ich hatte mich zu sehr bemüht, mich zu konzentrieren.«

Statt zu versuchen, sich bewusst zu konzentrieren, begann sie nun, mit entspannterer Einstellung zu üben. Das führte dazu, dass nun umgekehrt die Übung begann, ihre Aufmerksamkeit zu fesseln. Jede Person ist anders, durchläuft eine andere Entwicklung und erfährt unterschiedliche und individuelle Ergebnisse. Wir sollten uns frei fließen lassen mit allem, was sich für uns ergibt.

16. Kulturelle Unterschiede

Während ich in der Welt herumgereist bin, um Hsin Tao zu unterrichten, habe ich beobachtet, dass es kulturelle Unterschiede in der Art gibt, an ein neues Thema heranzugehen. Obwohl Hsin Tao vielleicht das einfachste Übungssystem ist, auf das ich jemals gestoßen bin, kann es beim anfänglichen Lernen den Geist verwirren.

Im Grunde lehren wir den Körper eine neue Sprache, und das Erlernen jeder neuen Sprache braucht Zeit und Fleiß. Es ist nicht von Nutzen, die Bewegungen im Kopf zu lernen. Der Körper muss verstehen.

Es ist wie beim Gehenlernen, das anfangs eine echte Herausforderung ist. Es braucht Zeit und Wiederholung, damit der Körper die Bewegungen versteht und behält. Währenddessen ist der Verstand damit beschäftigt, an die vielen verschiedenen Aspekte der Bewegungen zu denken. Man sollte sich in dieser Anfangsphase nicht entmutigen lassen. Nach einiger Zeit werden die Bewegungen je nach individueller Veranlagung ins Körpergedächtnis integriert. Zu diesem Zeitpunkt könnten Sie zurückblicken und sich fragen, warum Sie überhaupt Schwierigkeiten mit diesen einfachen Bewegungen hatten.

Es kommt eine Zeit, da Sie merken werden, dass es nicht die Bewegungen sind, die schwer auszuführen oder zu behalten sind; die Herausforderung besteht darin, den Körper zu trainieren. Den Körper zu trainieren ist so, wie ein Tier zu dressieren. Das braucht Zeit, Geduld und Ausdauer. Sobald der Körper weiß, was Sie mit ihm vorhaben, reagiert er umso bereitwilliger. Von da an wird es einfach, tiefer zu gehen und immer neue Aspekte in den Übungen zu entdecken. Doch zuerst muss der Körper die Sprache von Hsin Tao verstehen.

In jeder Kultur hatte ich es mit einer anderen Reaktion auf diese anfängliche Lernphase zu tun. In den USA waren die Leute so entschlossen, es zu lernen, dass sie sich ständig bemühten, unter Druck setzten und mit Spannung arbeiteten. Die größte Herausforderung für mich als Lehrer bestand darin, sie davon abzuhalten, sich anzustrengen, und sie zu ermutigen, den natürlichen Prozess mit all seinen Unvollkommenheiten zuzulassen.

In Finnland hatten die Schüler Vertrauen zum Lehrer und zeigten großes Talent bei Konzentration und Entspannung, sodass sie in der Lage waren, die Barrieren der anfänglichen Unbeholfenheit zu überwinden und sich mühelos an die Bewegungssprache des Hsin Tao anzupassen.

Die Holländer genossen es, etwas zu lernen, das sie als neuartiges und aufregendes Training zur Steigerung der Libido betrachteten. In diesem Fall war es meine Aufgabe, sie zu einer subtileren Beschäftigung mit ihren eigenen Bewegungen anzuleiten und sie zu ermutigen, alle Bemühungen und die vorgefassten Meinungen über die Wirkungen dieser Bewegungen aufzugeben.

In Deutschland war dieser Mangel an Vertrauen deutlicher zu spüren als anderswo. Bei vielen Anlässen musste ich den Teilnehmern demonstrieren, wie negative Gedanken das Ergebnis guter Arbeit beeinflussen. Eine positive Einstellung zu vermitteln war hier wichtiger als anderswo. Das half, die Hürde des Selbstzweifels zu überwinden, der sich in Gedanken äußerte wie: »Ich werde das niemals behalten, ich werde das nie beherrschen.«

Es braucht ein gewisses Maß an Entschlossenheit, um etwas Neues zu lernen, besonders wenn wir älter werden. Da Hsin Tao für den reiferen Körper bestimmt ist, stellt sich während der anfänglichen Lernphase zwangsläufig die Frage des Selbstvertrauens, des Selbstbewusstseins und der Selbstachtung.

Man sollte sich selbst so ermutigen, wie man es bei einem Kind täte: Selbstzweifel leicht nehmen; sanft und geduldig sein; sich beim Lernen Zeit lassen; sich gestatten, Fehler zu machen; Geduld haben, bis es richtig wird. Genießen Sie die Reise des Lernens und erfahren Sie die positiven Auswirkungen dieses Unterfangens.

17. Universalität

Hsin Tao ist ein vollständiges System. Man könnte es mit Erfolg an Stelle anderer Disziplinen wie Aerobic, Stretching, leichtem Gewichtstraining, Yoga, Taijiquan oder traditionellen Meditationstechniken praktizieren. Nach meiner Erfahrung stärkt es die Muskelsysteme, außerdem Knorpel- und Bindegewebe. Es tonisiert ferner auch alle lebenswichtigen Organe, deren Funktion es manchmal über das normale Stoffwechselniveau hinaus verbessert. Die Funktion des Mittelohrs wird in erheblichem Maße gefördert und trainiert, was den Gleichgewichtssinn verbessert und besonders für ältere Menschen nützlich ist. Das Skelett kann ebenfalls davon profitieren, Gelenke werden gekräftigt und geschmiert, während die Wirbelsäule und die Haltung oft neu ausgerichtet werden. Durch einen verbesserten Energiefluss kann die Gehirnfunktion gesteigert werden, und das trifft auch für Atmung und Sexualfunktion zu. Dazu kommen außerdem Verbesserungen der geistigen und emotionalen Fähigkeiten. Bei den meisten Praktizierenden wird der Geist innerhalb der ersten halben Stunde Hsin-Tao-Trainings deutlich beruhigt.

Obwohl Hsin Tao an sich schon ein vollständiges Übungssystem ist, kann es auch als effektive Ergänzung zu anderen Techniken verwendet werden. So haben viele erfahrene Meditierende bemerkt, dass das Üben von Hsin Tao vor ihrer üblichen Meditation es ihnen ermöglicht, schneller tiefere Stufen der Versenkung zu erreichen.

Oft haben Yoga-Übende geäußert, dass Hsin Tao ihnen zu besserer Dehnbarkeit und Beweglichkeit verhilft, während es gleichzeitig ihren Gleichgewichtssinn stärkt. Ich erinnere mich an zwei Klientinnen, die Power Yoga praktizierten. Ich schlug ihnen vor, am Anfang ein paar Wochen lang ihr übliches Power-Yoga-Programm etwas zu reduzieren, um die Veränderungen zu beobachten, die Hsin Tao innerhalb ihres Körpers, ihres Verstands und ihres Energiehaushalts bewirken könnte. Beide pausierten zwei Wochen lang und besuchten dann wieder ihre Power-Yoga-Gruppe. Die eine stellte eine merkliche Verbesserung ihrer Fähigkeit fest, mit den Anforderungen Schritt zu halten. Ihre Kraft, ihre Flexibilität und ihr Gleichgewichtssinn hatten einen

Quantensprung gemacht. Die andere bemerkte zu ihrer Freude, dass ihr das erste Mal in fünf Jahren eine Power-Yoga-Stunde einfach vorgekommen war und sie von Anfang bis Ende eine entspannte innere Haltung bewahren konnte.

Ein französischer Arzt, der zwanzig Jahre lang Taijiquan und Qigong geübt und von bedeutenden Meistern dieser Künste gelernt hatte, kam zu mir, um mein Hsin-Tao-Programm kennen zu lernen. Nach dem ersten Tag des Anfängerworkshops hatte er neue Dimensionen der Tiefe und Stille in seinen Taiji- und Qigong-Übungen entdeckt, die er in zwanzig Jahren stetigen Trainings nicht hatte erreichen können.

Es ist Sache jedes Einzelnen, wie er Hsin Tao verwendet. Das Maß an Zeit, das er dafür aufwendet, wird seinen eigenen Lohn bringen. Man muss seine bevorzugte Praxis jedoch nicht aufgeben, um Hsin Tao zu praktizieren. In den Anfangsmonaten sollte man einen gewissen zeitlichen Abstand zwischen der Hsin-Tao-Arbeit und jeder anderen Übung lassen. Dies ermöglicht den Praktizierenden, die Veränderungen zu registrieren, die Hsin Tao in Gang setzt. Sobald man die von einem Meister vermittelte Essenz begriffen hat, liegt es an uns selbst, zu entscheiden, wie, wann und wo wir üben.

Vor der Kulturrevolution war Hsin Tao im Shaolin-Kloster den ältesten und erfahrensten Mönchen vorbehalten. Da war niemand, der ihnen sagte, wann, warum und wie sie üben sollten. Diese Autonomie ist ein attraktiver Aspekt dieser Arbeit, denn so hängen wir weniger von anderen Menschen ab und entdecken mehr von unserer eigenen Freiheit, unser Leben in die Hand zu nehmen.

18. Unsterblich wie die Götter

Hsin Tao ist eine Selbstheilungstechnik, nicht einfach eine Serie von Fitnessübungen. Wenn Sie Hsin Tao regelmäßig üben, kann das bei Ihnen einen natürlichen Heilungszyklus auslösen, der Sie durch viele Veränderungen führen wird. Einige davon werden als Besserung erfahren, andere geben Ihnen das Gefühl, sich in einer Art von Abwärtsspirale zu befinden. Wenn Sie den organischen Ablauf der natürlichen Heilung verfolgen, indem Sie ein Schaubild anfertigen, werden Sie normalerweise merken, dass eine Art von Wellenmuster auftaucht.

Diese Welle bewegt sich in einer Art Spirale nach oben. Das bedeutet, dass die Hochs – die Gipfel mit deutlicher Besserung der Gesundheit – höher und die Tiefs – die Täler mit scheinbaren Rückfällen oder dem Wiederaufflackern alter Symptome – allmählich flacher werden. Obwohl die Spirale Sie insgesamt nach oben trägt, sollten Sie auf Schwierigkeiten vorbereitet sein, während der Körper sich wieder harmonisiert, Toxine aus immer tieferen Ebenen ausscheidet und alte, unbrauchbar gewordene Substanzen durch neues, gesundes Wachstum ersetzt. Dieser Aspekt des Heilungszyklus kann physisch unangenehm, emotional anstrengend und sogar geistig problematisch sein. Es ist wichtig, diese Phasen mit einem Gefühl des Vertrauens zu durchleben, mit sich selbst sanft umzugehen und auf die positiven allgemeinen Veränderungen zu achten. Oft meldeten sich in meinem eigenen Heilungszyklus gerade dann wieder die alten Symptome, wenn ich bei mir eine Besserung bemerkte. Zunächst war ich etwas enttäuscht, aber als ich die Situation genauer betrachtete, merkte ich, dass das wieder auftauchende Symptom weniger intensiv als früher war und viel kürzer anhielt. So nahm ich das als positives Zeichen und übte auch an den schlechten Tagen mit Entschlossenheit weiter.

Wenn wir mit einer Regenerationstechnik ausgerüstet sind, ist es möglich, den normalen Verfall zu verlangsamen oder sogar umzukehren. Denken Sie daran, dass Hsin Tao nicht nur dazu bestimmt ist, die Gesundheit zu bewahren, sondern sie zu erneuern. Es kann dem Prozess der Degeneration, den wir alle erfahren, entgegentreten und uns eine längere Lebensspanne ermöglichen – oder zumindest eine angenehmere Erfahrung des körperlichen Alterns. Deshalb wird Hsin Tao auch der »Weg der Unsterblichen« genannt.

Jedes Mal, wenn der Körper seine Zellstruktur ändert, indem er abgestorbene Zellen verliert oder ersetzt, ist er nicht mehr derselbe Körper, sondern hat sich in einen neuen Körper verwandelt. Hsin Tao fördert diese Transformation, indem es den Prozess der Erneuerung auf der zellulären Ebene und auf den tieferen Ebenen des Geistes beschleunigt.

Mit Hilfe bestimmter Praktiken und Rezepturen versuchten die alten chinesischen Alchemisten, den physischen Körper so zu verwandeln, dass er länger leben könnte, und seine Zyklen von einer Abwärtsspirale in einen selbsterhaltenden und regenerativen Zyklus umzuwandeln.

Alchemisten in der ganzen Welt entdeckten, dass zur Transformation von physischer Substanz auch Veränderungen auf anderen, weniger grobstofflichen Ebenen gehörten. Um derartige Verwandlungen zu bewirken, musste der Verstand konzentriert und ruhig sein. Die Gefühle steigerten sich oft bis zu einem Niveau des Jubels, der Ekstase oder der Glückseligkeit.

Hsin Tao ist eine Art innerer Alchemie, die nach meiner Erfahrung schon in relativ kurzer Zeit Gefühle der Ekstase und Glückseligkeit auslösen kann. Sie sollten sich jedoch darüber im Klaren sein, dass jede Person verschieden ist, und die Zeit variiert, die man bis zu dieser Stufe benötigt, je nachdem, wie kalt und trocken der Körper oder wie fixiert der Verstand in seinen Mustern ist. Ein anderer Faktor, den es zu berücksichtigen gilt, wenn man schnelle Ergebnisse erreichen will, ist die Ernährung. Wenn wir uns zu heilen versuchen, ist es zu empfehlen, so reine Nahrung und Flüssigkeit wie möglich aufzunehmen.

Als Bodhidharma im Shaolin-Kloster lehrte, wurden seine Hsin-Tao-Übungen ohne Schwierigkeiten angenommen, und sie gehörten seither zu den so genannten »Techniken der Unsterblichkeit«. Man könnte sich fragen: »Warum sollte man länger leben wollen, als es natürlich ist?« Die Antwort hat weniger mit dem Körper, sondern mehr mit dem Verstand und dem Geist zu tun.

Je mehr Zeit man zur Verfügung hat, desto größer wird die Chance, den Verstand zu beruhigen und die Geisteskraft zu steigern. Den Verstand zu beruhigen bedeutet, Hindernisse für die innere Freiheit und den inneren Frieden zu beseitigen. Zunehmende innere Stille versetzt einen Unsterblichen in die Lage, sich auf die grenzenlose Innenwelt einzustellen, das wahre kosmische Selbst, die göttliche Quelle allen Lebens und aller Liebe. Durch die Steigerung der Geisteskraft wird es möglich, immer mehr »spirituelles Licht« aufzunehmen – jene unbeschreibliche Essenz des Seins, die wir alle begehren.

Wenn wir den Körper in ein Fahrzeug verwandeln, das länger hält, transformieren wir dabei zwangsläufig auch Verstand und Geist. So funktioniert Alchemie, jede Richtung der Alchemie, sogar diese Serie von einfachen Übungen, die auf innere Transformation abzielen. Dies gibt uns die Gelegenheit, mehr »spirituelles Licht« und inneren Frieden zu finden. Je mehr Licht wir ansammeln, desto glücklicher wird unser Leben sein.

Für unsere unmittelbaren Lebensumstände gilt, dass wir umso mehr inneren Frieden genießen, je mehr spirituelles Licht wir haben – und je mehr inneren Frieden wir haben, desto größer die Chancen, spirituelles Licht zu finden. Sobald wir mit spirituellem Licht erfüllt sind, beginnt es von selbst auf andere Wesen auszustrahlen. Dieses Licht zu verbreiten ist einer der größten Beiträge zum Wohl der Menschheit. Es bringt inneren Frieden zu denjenigen, die es annehmen. Der Welt auf diese Weise zu dienen zieht noch mehr spirituelles Licht an … und so geht der Zyklus weiter.

19. Wärme, Feuchtigkeit, Energie

Wenn man Hsin Tao einer yogischen Disziplin oder einer Kampfkunst zuordnen wollte, dann wäre das Tantra. Im traditionellen Tantra geht es vor allem darum, die Grundenergien zu wecken, die im Körper schlummern oder genauer gesagt im Verlauf des Alterungsvorgangs eingeschlummert sind.

Einige Leute haben versucht, Hsin Tao zu einer Art des ihnen vertrauten Qigong zu machen, obwohl sie dann genauso gut bei ihren gewohnten Übungen hätten bleiben können. Denn viele von ihnen waren erfahrene Lehrer in anderen Disziplinen, die natürlich ihren eigenen Wert haben. Obwohl die Hsin-Tao-Bewegungen an verschiedene Formen des chinesischen Qigong erinnern, gehört Hsin Tao nicht dazu. Es ist eine Art von Tantra und kann deshalb auch als Yoga klassifiziert werden – manchmal wird es auch zenbuddhistisches Yoga genannt – und sollte daher mit einer dem Yoga angemessenen Gelassenheit praktiziert werden.

Im Gegensatz zu anderen Formen von Tantra versucht Hsin Tao nicht, die Energie zu »zwingen«, sich zu erheben oder sich zu bewegen. Es ermutigt solche Bewegungen und ein solches Erwachen durch einen natürlichen Prozess, der dem ähnlich ist, der bei heranwachsenden Kindern abläuft.

Kinder speichern einen enormen Vorrat an Energie im Unterbauch, mit dem Ergebnis, dass sie warm und feucht sind. Der Unterbauch sollte der wärmste Teil des Körpers sein. Denn wenn es in diesem Bereich überschüssige Energie gibt, beginnt die Energie, durch den ganzen Körper zu zirkulieren, und viele Winkel der Stagnation geraten durch diese Flut als Teil eines natürlichen, sanften und sicheren Prozesses in Bewegung. Beim Hsin Tao will man die Energie nie zu etwas zwingen. Wenn sie beginnt, sich von selbst zu bewegen, unterstützen wir sie, indem wir bestimmte Bewegungen ausführen. Ansonsten warten wir ab, dass der Körper seine eigenen Mittel und Wege findet, um Veränderungen zu bewirken.

Wenn Sie einen Säugling beim Atmen beobachten, sehen Sie, dass er den Unterleib als Blasebalg benutzt. Der Bauch bewegt sich, um den Atem in den Körper hinein- und aus dem Körper herauszubefördern, während der Rest des Körpers und die Gliedmaßen völlig entspannt sind. Der Antrieb für den Atem kommt tief aus den unteren Bauchmuskeln. Wenn wir älter werden, wird unsere Atmung immer flacher. Teenager atmen normalerweise von der Basis der Rippen her. In den Zwanzigern verlagert sich der Sitz der Atmung in die Mitte des Brustkorbs. Alte Leute schließlich atmen vom obersten Teil des Brustkorbs her in kurzen seichten Zügen.

Unsere Verbindung zu den Energien und den motivierenden Gefühlen tief im Bauch, genau über dem Schambein, geht allmählich verloren, ohne dass wir uns dessen bewusst sind. Zwei Dinge begleiten diesen Prozess. Zuerst beginnt der Unterleib sich abzukühlen. Die Menschen fangen an, Symptome der Abkühlung zu entwickeln, wie Verstopfung, Harnwegs- und Blasenprobleme, Beschwerden an den Fortpflanzungsorganen. Wenn das Problem andauert, breitet sich die Abkühlung aus, bis die Betroffenen kalte Hände und Füße bekommen und Kälte ganz allgemein schlecht vertragen. Der abkühlende Faktor hängt auch ab von der angeborenen körperlichen Verfassung, dem Lauf der Zeit und unserer Verbindung mit dem ursprünglichen Sitz der Atmung im Unterbauch.

Wenn sich der Sitz der Atmung im Körper weiter nach oben verschiebt, bemerken wir als Zweites, dass der Körper beginnt, sich trocken anzufühlen. Haare, Nägel, Haut, Gelenke, Mund und Lippen werden trockener. Riesige Industrien sind entstanden, um den alternden Körper mit Feuchtigkeit und Schmierung zu versorgen. Körperliches Altern ist sogar bei gesunden Menschen in erheblichem Maße mit der Erfahrung von Austrocknung und Abkühlung verbunden.

Vor kurzem berichtete mir eine Homöopathin in London von den befeuchtenden Wirkungen ihrer Hsin-Tao-Praxis. Sie sagte mir, dass sie in den letzten Monaten vier oder fünf Tage lang mit dem Üben aufgehört habe. Am letzten Tag merkte sie, dass sie sich viel weniger gut fühlte, als sie das nach Monaten der regelmäßigen Praxis gewöhnt war. Am meisten verblüffte sie, dass ihre Gesichtshaut nach nur drei Tagen ohne Praxis auszutrocknen begann. Sie hatte festgestellt, dass ihre Haut während des regelmäßigen Übens besser aussah, aber erst jetzt erkannte sie, wie eklatant diese Wirkung gewesen war. Während der Übungspause hatte ihre Haut begonnen, blässlich zu werden, und sie brauchte nun fast doppelt so viel Feuchtigkeitscreme wie gewohnt. Innerhalb eines Tages nach Wiederaufnahme des Übens kam die Feuchtigkeit zurück.

Die befeuchtenden und wärmenden Wirkungen von Hsin Tao können dauerhaft sein, unabhängig davon, ob die Übung fortgesetzt wird oder nicht. Eine Frau aus London mit Osteoarthritis (eine Knochen- und Gelenkentzündung, die ebenfalls mit Austrocknung und Kälte zusammenhängt) erzielte in den ersten Monaten des Übens wunderbare Resultate. Sie fühlte sich so viel besser, dass sie anfing, sich vor dem Üben zu drücken. Zwangsläufig machte sie in den Monaten ohne Praxis ziemliche Rückschritte. Ihre Schmerzen meldeten sich zurück, wie auch die Schwäche und die schwer wiegenden Einschränkungen der Beweglichkeit. Dennoch war sie nicht in den ursprünglichen Zustand zurückgefallen, denn als sie das erste Mal zu einem Hsin-Tao-Workshop gekommen war, konnte sie vor lauter Schmerzen in Armen, Ellenbogen und Handgelenken nicht einmal die beiden Handgelenke aufeinander legen. Nach dem ersten Übungsmonat gelang dies mit natürlicher Leichtigkeit. Obwohl ihre Symptome nach der Übungspause wieder aufgetaucht waren, konnte sie jetzt noch immer die Handgelenke zusammenlegen, um die Übung »Der Heilige bereitet Medizin« auszuführen. Einige der Veränderungen, die Hsin Tao bei ihr bewirkt hatte, schienen also dauerhaft zu sein, und das bestätigte meine eigene Erfahrung.

Wenn der Atem bequem und mühelos im Unterbauch »sitzt«, erfahren viele Menschen Empfindungen von gesteigerter Kernwärme und Feuchtigkeit. Vermehrte Feuchtigkeit ist auf der Haut als Schweiß, im Mund als Speichel und im Genital- und Analbereich als Befeuchtung direkt zu spüren. In Abhängigkeit vom zeitlichen Rahmen, der angeborenen Konstitution und der körperlichen Verfassung geschieht das bei der Hsin-Tao-Praxis automatisch. Die Entwicklung von Wärme und Feuchtigkeit, in Verbindung mit extremer Entspannung, ist ein Anzeichen dafür, dass die natürlichen Heilungsprozesse des Körpers und des Geistes in Gang gekommen sind.

20. Heilungsmuster

Hsin Tao ist nicht einfach ein Übungsprogramm, sondern eine Technik der Selbstheilung und der Regeneration, die einen tief greifenden Heilungsprozess auslösen kann. Dies hängt vor allem davon ab, wie oft man die Bewegungen übt. Wenn man die Technik einmal oder zweimal pro Woche wiederholt, wirkt sie, wie die meisten Übungsprogramme, wahrscheinlich nur tonisierend, obwohl dazu zusätzlich der Vorteil mentaler Entspannung kommt. Wenn Hsin Tao täglich praktiziert wird – am besten zweimal am Tag –, kann das die natürlichen Selbstheilungsmechanismen des Körpers aktivieren.

Jeder natürliche Heilungsprozess hat seine Höhen und Tiefen. Wenn man den natürlichen Rhythmen und Gezeiten des Körpers folgt, können sich Besserung und Rückfall abwechseln. Während der Körper Giftstoffe ausscheidet und sich regeneriert, deckt er tiefere Krankheitsschichten auf und versucht, diese Probleme loszuwerden. Diese Phasen der Entgiftung können unangenehm sein.

Dies entspricht einem Grundkonzept der Homöopathie, nach dem der Organismus geheilt wird, indem alte Symptome aufgedeckt und geheilt werden. Dieser Prozess geht dann stufenweise tiefer, bis man zuletzt zur Wurzelursache der Krankheit vordringt und der Zustand des Gleichgewichts wiederhergestellt werden kann.

Sobald wir beginnen, Hsin Tao regelmäßig zu üben, können wir das Einsetzen eines mächtigen Heilungsprozesses wahrnehmen. Während dieses Prozesses, der kürzer oder länger dauern kann, ist es weise, sich von Phasen des Rückfalls nicht entmutigen zu lassen. Wenn Sie beobachten, dass die Phasen des Wohlbefindens sich steigern und länger anhalten, dann dürfen Sie vermuten, dass der Heilungsprozess begonnen hat und tief im Innern des Systems voranschreitet.

Ein Klient, den ich bereits erwähnt habe, ist ein gutes Beispiel für diesen Heilungszyklus mit seinen Höhen und Tiefen. Er kam mit starken Nervenschmerzen im Arm zu mir, unter denen er etwa zwei Jahre lang gelitten hatte. Schon nach der ersten Sitzung spürte er eine Besserung. Gleich ging er daran, wieder sein geliebtes Yoga zu üben. Am folgenden Tag waren seine Symptome zurückgekehrt. In unserer nächsten Sitzung ging der Schmerz wieder weg. Dieses Mal dauerte die schmerzfreie Zeit einige Tage länger. Da fühlte er sich ermutigt, seine übliche Partie Tennis zu spielen. Am folgenden Tag kamen die Schmerzen zurück. Das wiederholte sich immer wieder. Jedes Mal, wenn er zu mir kam, war es leichter, den Schlüssel zur Schmerzfreiheit zu finden, und die schmerzfreie Phase dauerte immer länger. Jedoch gelang es uns nie, einen vollen Monat ohne Schmerzen zu erreichen.

Eines Abends, nachdem er eine Behandlung von einem Körpertherapeuten erhalten hatte, litt er unter den schlimmsten Qualen, die ich jemals bei ihm erlebt hatte. Wir setzten uns zusammen, um an seinem Problem zu arbeiten, und offen gesagt dachte ich, dass Hsin Tao bei ihm versagt hätte. Am Ende der Sitzung hatten wir den Schmerz noch einmal beruhigt, aber er war immer noch in einem sehr labilen Zustand. Ich entließ ihn mit strengen Übungsanweisungen.

In den folgenden Tagen nahmen die Schmerzen weiter ab. Bis zur nächsten Sitzung war der Schmerz wieder vergangen, und ich riet ihm zu einer bestimmten Behandlung. Er folgte meinem Rat, und der Schmerz kehrte nicht mehr zurück.

Es war interessant zu sehen, dass die Höhen und Tiefen, die er durchmachte, nicht nur seinen Körper und seine persönliche Gesundheit betrafen, sondern auch seine Lebensweise, seine Gewohnheiten und seine Einstellungen. Er musste einige Dinge loslassen, an die er sich gewöhnt hatte. Mit Hilfe von Hsin Tao wurden die störenden Gewohnheiten und Gedanken ohne die üblichen Entzugserscheinungen fallen gelassen; das konnte ich bei Leuten, die regelmäßig üben, oft beobachten. Nach einem Jahr des Wohlbefindens war besagter Klient in der Lage, einige seiner alten Zeitvertreibe wieder aufzunehmen, ohne neue Schmerzen auszulösen oder sich zu schaden.

Das Muster seiner Heilungszyklen zeigte den üblichen Verlauf: Seine schmerzfreien Phasen wurden allmählich länger, während die schmerzhaften Phasen sich verkürzten und leichter zu ertragen waren. Vor seinem letzten Durchbruch hatte er jedoch einen starken Schmerzanfall. Auch dies ist aus der Homöopathie bekannt: Vor der großen Freisetzung von Toxinen erreichen die negativen Symptome ihren Höhepunkt – eine Art Katharsis vor der letzten Reinigung. Der Mut, die Beharrlichkeit und das Vertrauen meines Klienten in die Methode, die er sich zur Heilung ausgesucht hatte, halfen ihm, diese Krise durchzustehen.

Der Zyklus der Genesung muss nicht immer so dramatisch verlaufen. In meinem eigenen Körper bemerkte ich im Lauf der Jahre viele kleine Veränderungen, die manchmal von leichten Schmerzen begleitet wurden. Diese Schmerzen der Veränderung hatten eine besondere Qualität, die sich deutlich von den Schmerzen unterschieden, die körperliche Schäden auslösen. Sie waren nicht konstant, kamen und gingen während des Tages, und am auffälligsten war, dass sie mich in keiner Weise schwächten. Als ich am Ende der Übungssitzung auf dem Boden lag, fühlte ich manchmal, wie leichte Schmerzen von einem Körperbereich zu einem anderen wanderten. Im Lauf der Zeit stellte ich jedoch fest, dass diese Schmerzen tatsächlich ein Symptom für die Veränderungen in meinem Organismus waren. Ich hatte viele Jahre lang an einer Krümmung der Wirbelsäule (Skoliose) zwischen meinen Schulterblättern gelitten. Diese Beschwerden führten dazu, dass mein Hals ständiger Aufmerksamkeit bedurfte, während mein unterer Rücken die Skoliose schmerzhaft kompensierte. Ich bemerkte, dass meine eine Schulter ungefähr eine Woche lang schmerzte. Dann pflegte der Schmerz diese Schulter zu verlassen und sich zur anderen Schulter zu verlagern. Anschließend konnte es dazu kommen, dass mein eines Knie ungefähr eine Woche lang empfindlich war. Anschließend tauchte der Schmerz in meiner Hüfte auf. Der Schmerz wanderte von einer Stelle zur anderen weiter, war aber nie so unangenehm, dass ich ihn nicht ertragen konnte, noch schränkte er jemals meine Beweglichkeit ein. Ich pflegte einfach weiterzuüben, während ich darauf achtete, nicht über die Schmerzgrenze zu gehen, indem ich mich mit kleinen, leichten Bewegungen begnügte. Nach ein paar Monaten stellte ich eines Tages fest, dass sich meine Wirbelsäule zwischen den Schulterblättern aufgerichtet hatte. Die Skoliose verschwand mehrfach für ein paar Monate und kehrte dann zurück, war aber meist nicht mehr so ausgeprägt wie früher. Die Phasen, in denen die Wirbelsäule ihre Ausrichtung verlor, wurden kürzer, während die Phasen, in denen sie normal ausgerichtet war, sich auf viele Monate verlängerten. Nach zwei Jahren hatte sie sich permanent aufgerichtet.

Nach und nach schien sich das ganze Skelett wieder auszurichten. Die dramatischste Veränderung geschah, eineinhalb Jahre nachdem ich zu üben begonnen hatte. Die einzige wirkliche Deformation, die ich vom ursprünglichen Kampf gegen die Poliokrankheit zurückbehalten hatte, war eine rechte Ferse, die nicht absolut gerade unter dem Fuß saß. Sie war etwas nach links verschoben und hatte mir deshalb während meines ganzen Lebens viele Probleme und Schmerzen bereitet. Einmal hatte ich einen Muskelriss in meinem rechten Oberschenkel, der auf die ständige Belastung durch diese Fehlstellung zurückzuführen war, und einige Male bekam ich schwere Sehnenentzündungen im Fuß. Um die Sache in Ordnung zu bringen, hatte ich alle möglichen Techniken ausprobiert, von Yoga über Chiropraktik und Osteopathie bis hin zu mehrmonatiger Physiotherapie und Stützbandagen. Diese eigensinnige Ferse ließ sich jedoch durch nichts verschieben.

Als ich eines Tages übte und einen scharfen Schmerz in meinem rechten Knöchel spürte, beachtete ich ihn nur wenig, außer dass ich versuchte, ihn vorsichtig zu vermeiden und durch meine Bewegungen nicht zu verschlimmern. Als ich meine Übung beendete, verschwand der Schmerz. Während der folgenden Tage kam und verging dieser Schmerz. Er folgte dem üblichen Muster eines nützlichen Schmerzes, aber er war stechender als irgendwelche anderen Schmerzen, die ich kannte. Obwohl es ein wirklich intensiver Schmerz war, störte er meine Beweglichkeit nicht. So machte ich weiter und schenkte ihm nur wenig Beachtung.

Nach sechs Wochen mit diesem Schmerz in derselben Intensität begann ich mich zu fragen, ob ich mich nicht vielleicht doch verletzt hätte. Die vielen Schmerzen, die ich bei der Hsin-Tao-Arbeit erfahren hatte, waren nie so stechend und hartnäckig gewesen. Ich beugte mich hinunter, um meinen Knöchel anzuschauen. Er sah ziemlich normal aus und reagierte auf Berührung nicht mit Schmerz, auch war keine Schwellung oder Druckstelle zu entdecken. Plötzlich bemerkte ich, dass mein Knöchel direkt unter meinem Fuß saß. Die Krümmung, die ihn nach links hatte herausstehen lassen, war verschwunden. Ich musste immer wieder hinschauen, um mich zu vergewissern, dass ich mir nichts einbildete. In meiner Erinnerung war dies das erste Mal, dass ich gesehen hatte, dass meine rechte Ferse an der richtigen Stelle saß. Ich begriff, dass der Schmerz im Knöchel darauf zurückzuführen war, dass Hsin Tao die Position meiner Ferse korrigierte. Da es ein altes Problem von fundamentaler Bedeutung für die Ausrichtung des ganzen Skeletts war, dauerte es eine Weile, bis es sich auflöste, und es war ein schmerzhafter Prozess. Überglücklich über solch eine positive Veränderung freute ich mich so sehr, dass ich meinen Knöchel schmerzen ließ, soviel er wollte. Ich fuhr fort, sorgfältig zu üben, während ich darauf achtete, dass ich den Schmerz nicht mit meinen Bewegungen reizte, und den Prinzipien folgte, die ich bei Hsin Tao entwickelt hatte, um Schmerzen völlig zu vermeiden. Nach weiteren drei Wochen bemerkte ich, dass ich den Schmerz in meinem rechten Knöchel vergessen hatte. Er war irgendwo im Verlauf des ganzen Geschehens verschwunden und hatte einen geraden Knöchel zurückgelassen. Gelegentlich schiebt sich der Knöchel wieder leicht zurück, aber nie in dem Maße wie bei der ursprünglichen Fehlstellung, und solche Rückfälle treten in immer längeren Abständen auf. Ich gehe jetzt zum ersten Mal, seit ich fünf Jahre alt war, mit einer geraden Ferse unter meinem rechten Fuß. Mein rechter Oberschenkel ist viel elastischer geworden, und mein Fuß fühlt sich viel stärker und angenehmer an.

Doch ich habe auch ziemlich dramatische Veränderungen in der Ausrichtung des Körpers miterlebt, die ohne Schmerzen abliefen. Solche Veränderungen können so subtil vonstatten gehen, dass sie häufig nicht einmal wahrgenommen werden. Ein jüngerer Mann in Los Angeles bemerkte die dramatische Veränderung bei sich erst nach dem Ereignis. Wir saßen und arbeiteten an einer fortgeschrittenen Atemtechnik. Mein Klient stellte fest, dass die Sitzposition mit gekreuzten Beinen während der letzten acht Monate, in denen er Hsin Tao geübt hatte, für ihn bequemer geworden war. Am Anfang konnte er nur sehr kurze Zeit am Boden arbeiten. Die meisten Übungen im Sitzen musste er auf einem Stuhl machen, wenn er länger üben wollte. Im Lauf der Zeit war er jedoch in der Lage, auf dem Boden zu üben und immer länger auf einem Kissen zu sitzen. Er begann, mir von seinen O-Beinen zu erzählen, und wie dieser Zustand, unter dem er seit der Kindheit litt, ihn daran hinderte, längere Zeit mit gekreuzten Beinen zu sitzen. Da seine Mutter ihn seit der Kindheit wegen seiner Beine geneckt hatte, war es eine unglückliche Geschichte, die nicht nur physische, sondern auch seelische Spuren hinterlassen hatte.

Ich hatte diesen Klienten etwa sechs Monate lang nicht mehr gesehen und seine O-Beine nicht bemerkt, als er mich in Los Angeles aufsuchte. Gewöhnlich bin ich ziemlich aufmerksam, sodass mich die Geschichte mit den ausgeprägten O-Beinen ein bisschen verwirrte. Vielleicht war mir ja etwas entgangen, das ich hätte ansprechen sollen oder das mir wenigstens Hinweise auf ein geeignetes Übungsprogramm hätte geben können. Ich bat ihn darum, sich vor mich hinzustellen und mir seine O-Beine zu zeigen. Ich konnte keine ausgeprägte Krümmung erkennen. Da er ausgebeulte Shorts trug, forderte ich ihn auf, die Shorts um seine Oberschenkel herum festzuziehen, damit ich seine Beine besser sehen könnte. Doch sosehr er sich auch bemühte, ich konnte immer noch nichts anderes erkennen außer einer leichten Kurve in den Waden, aber auf keinen Fall O-Beine. Er beugte sich nach vorn, um einen Blick auf seine eigenen Beine zu werfen, während er die Shorts immer fester zusammenzog, um die Beine besser sehen zu können. In ziemlicher Verwirrung fuhr er fort, seine Beine zu inspizieren. Er setzte seine Füße hierhin und dorthin, als wollte er seine Beine dazu bringen, sich nach außen zu krümmen. Doch es gab keinen Zweifel: Seine Oberschenkel berührten sich, die Knie standen mit geringem Abstand nebeneinander, die Waden ebenfalls, und die Knöchel saßen perfekt. Ich fragte ihn, ob er mit seinen »O-Beinen« diese leichte Krümmung gemeint hatte. »Nein«, erwiderte er, »sie waren vorher wirklich gebogen. Ich nehme an, dass sich das gebessert hat.« Er blickte auf, verwirrt, aber glücklich. Er hatte acht Monate lang täglich geübt. Während der ganzen Zeit hatte er bemerkt, dass es ihm immer leichter fiel, auf dem Boden zu sitzen. Weil er sich so sehr an den Gedanken gewöhnt hatte, unheilbare O-Beine zu haben, war es ihm nie in den Sinn gekommen, seine Beine einmal auf irgendwelche Veränderungen hin zu untersuchen. Jetzt war er total verblüfft, dass sie ohne jede Bemühung oder Absicht gerade geworden waren. Als seine Beine sich neu ausrichteten, hatte er weder Schmerzen noch andere körperliche Symptome gehabt. In erster Linie war er davon ausgegangen, dass diese Übungen seinen Geist beruhigten und ihm zu größerer Einsicht in sein Leben verhalfen. Da er eine gesunde Konstitution hatte und frei von akuten Beschwerden war, hatte er nie auf physische Wirkungen geachtet, noch hätte er sich träumen lassen, dass eine so fundamentale Veränderung geschehen könnte, selbst unter den allergünstigsten Umständen – und vielleicht nicht einmal dann. Ich vermute, dass er geradewegs nach Hause ging, um seine Beine im Spiegel zu bewundern.

21. Wege zum eigenen Wohlbefinden

Einer der drei Aspekte von Hsin Tao ist die Verjüngung und Beruhigung des Geistes.

Insgesamt besteht unser Tag aus Tausenden von einzelnen Gedanken, die mit Lichtgeschwindigkeit zusammengefügt werden. Sie sind in ihren verschiedenen, oft faszinierenden Schichten wie Stücke in einem Puzzle, die sich zu einem scheinbar endlosen, kontinuierlichen Bewusstseinsstrom zusammenfügen. Um Geistesfrieden zu finden, müssen wir die Denktätigkeit verlangsamen oder wenigstens einen Ort der Ruhe unter dem Sperrfeuer der Gedanken finden.

Andererseits erfahren wir automatisch innere Stille, und die Gedanken sind nicht mehr so lebhaft, wenn sich der Verstand verlangsamt. Wenn die Stille immer länger anhält, wird der Geist ruhig. Wenn Stille über längere Zeit erfahren wird, verwandelt sich die Aktivität des Geistes in Glückseligkeit. Dies ist die Hsin Tao zu Grunde liegende Theorie, die ich zuerst mit ziemlicher Skepsis hörte. Beim Üben begann ich zu erkennen, dass diese Verlangsamung der Geistestätigkeit bis zur Stille tatsächlich durch Wiederholung der einfachen Hsin-Tao-Bewegungen erreicht werden kann. Als ich das erste Mal die Erfahrung der Geistesstille machte, begriff ich, dass ich mich in all meinen Jahren der so genannten Meditation selbst an der Nase herumgeführt hatte. Tatsächlich hatte ich Praktiken der Bewusstseinserweiterung, der kreativen Imagination und der Konzentration geübt. Sicher hatten viele dieser Übungen mir Gefühle der Entrückung, der Harmonie oder des Wohlbefindens geschenkt, aber alle diese Empfindungen waren völlig verschieden von der Erfahrung der Geistesstille. Ich konnte diesen Zustand nicht beschreiben, aber ich wusste zweifelsfrei, dass dies der Anfang wahrer Stille war. Wenn überhaupt Gedanken auftauchten, schwebten sie vorüber wie Herbstblätter in der Weite des Himmels, während ich die ganze Zeit über atmete und meine Arme in den geheiligten Mustern des Hsin Tao bewegte. Diese Erfahrung steigerte sich zu Ekstase und Glückseligkeit, die wohl ebenso sehr der Gnade Gottes zu verdanken waren wie der Übung von Hsin Tao.

Nicht nur Gedanken, sondern auch Emotionen machen einen großen Teil unserer Welterfahrung aus. Oft verbinden wir unsere Gedanken mit Gefühlen und geben ihnen so größere Kraft. Sie können uns sehr nützlich sein, aber wie es in diesen schnelllebigen, hektischen Zeiten häufig der Fall ist, machen sie uns krank, sowohl physisch als auch mental. Gedanken und Emotionen, die sich nicht beherrschen lassen, können in uns Stress, Depression, Hoffnungslosigkeit, Verwirrung, Ärger, Obsession, Groll und Hass verursachen. Ich habe die ganze Bandbreite dieser Kombination von Gedanken und Gefühlen erfahren und versucht, sie mit tausenderlei Techniken zu bekämpfen und auszugleichen. Erst als ich begann, die simplen Hsin-Tao-Bewegungen zu machen, gab der Verstand endlich für längere Zeit auf und die Gefühle begannen mühelos und dauerhaft zu heilen.

Der Körper ist lebendig und reagiert sensibel auf all unseren Input, unabhängig davon, ob wir mit einer positiven Einstellung ans Leben herangehen oder mit einer negativen, ob wir Groll oder Zorn hegen oder ob wir uns großzügig verschenken. All die vielfältigen emotionalen Schwankungen, denen wir ständig ausgesetzt sind, werden durch die unsichtbare Fähigkeit des Körpers, eine Art von Energie in eine andere umzuwandeln, verarbeitet und ausgeglichen.

Die fein abgestimmten und subtilen Variationen der Hsin-Tao-Bewegungen sind ausdrücklich dafür gedacht, diese sensible Ebene des Körperbewusstseins wieder neu zu prägen. Die Flexibilität des Stils erlaubt es den Bewegungen, sich zum physischen Make-up der Übenden zu formen, ohne auf starrer Vollkommenheit der körperlichen Technik zu beharren. Wenn man auf diese Weise mit dem Körper arbeitet, öffnen sich die Kommunikationskanäle zwischen Körper und Geist.

Wenn die Hsin-Tao-Arbeit verinnerlicht wird, kann der Geist sensibler für die Bedürfnisse und Energiemuster des Körpers werden. Dann beginnen Sie, mit größerer Bewusstheit auf Botschaften zu reagieren, die der Körper an den Verstand sendet. Und Sie nehmen immer leichter und klarer wahr, was der Körper braucht, um sich gut zu fühlen.

Die körperlichen Veränderungen beeinflussen den Geist, indem sie ihn ruhiger und für subtile Dinge empfänglicher machen. Die geistigen Veränderungen beeinflussen den Körper, indem sie ihn mit positiven Botschaften, Substanzen und Aktivitäten füttern.

Es gibt zahlreiche Techniken, die dazu führen sollen, dass wir uns gesund, entspannt und ruhig fühlen, aber nur sehr wenige davon sind auch als regenerative Techniken gedacht. Das bedeutet zwangsläufig, dass die Hsin-Tao-Arbeit, wenn sie voll und ganz ausgenutzt wird, tiefer in all die Systeme hineinführt, die den physischen Körper schaffen und unterstützen. Dieses tiefe Eindringen in die geheimnisvollen Systeme der physischen Struktur kann grundlegende Veränderungen auf einer fundamentalen Ebene bewirken. Daher dürfen wir eine tief greifende Transformation des Körperbewusstseins, der emotionalen Muster und des Geistes erwarten.

Obwohl die Bewegungen einfach sind, ist die Beschäftigung damit komplexer, als es den Anschein hat. Erst nach Jahren der Praxis beginnt der Übende die Vielzahl von Faktoren zu verstehen, die dafür sorgen, dass Krankheit sich in gute Gesundheit verwandelt und weiter zu einer verbesserten physischen und geistigen Verfassung. Glücklicherweise ermöglicht es uns die Genialität dieser Bewegungen, sie ohne komplexes Wissen einzusetzen, sofern wir sie von jemand lernen, dessen Einblick und Verständnis uns mit unterschwelligen und offenen Anweisungen durch das Gewebe voneinander abhängiger Systeme leiten können.

Eines der bemerkenswerten und schwer erklärbaren Phänomene, die zu unserer täglichen körperlichen Aktivität gehören, ist die Atmung. Der Atem ist der Kanal, um den Geist zurück in unseren Körper zu holen. Dazu brauchen wir ein paar Schlüssel, die es sogar dem Schwächsten ermöglichen, seinen Energievorrat wieder aufzufüllen. Der Schatz des Hsin Tao enthält eine Anzahl dieser geheimen Schlüssel in ihrer ursprünglichen Form – so wie sie waren, bevor sie sich zu den Shaolin-Kampfkünsten weiterentwickelten. Es handelt sich um Schlüssel, die der Körper verstehen kann, selbst wenn der Intellekt damit nichts anfangen kann. Wenn der Körper versteht, kann er seine fast unbegrenzten Ressourcen anzapfen, sich ins Gleichgewicht bringen und die Schäden reparieren, die er zuvor durch Alterung oder Verletzung erlitten hat.

Der menschliche Organismus ist ein komplexes Wunderwerk. Er ist in der Lage, trotz des größten Missbrauchs einen Zustand des perfekten Gleichgewichts aufrechtzuerhalten. Wir sollten ihn schätzen und pflegen, nicht auf seichte oder oberflächliche Weise, sondern mit tiefer Ehrfurcht, wie sie uns angesichts eines der großen Weltwunder erfüllt. Nach meiner Erfahrung entspricht Hsin Tao den größten Geheimnissen und Wundern des Körpers. Hier finden wir eine Form der Selbstheilung, die seit Jahrhunderten aufs Höchste verehrt wurde. Wenn man richtig damit umgeht, kann man mit Hilfe von Hsin Tao die Potenziale des Körpers erschließen und ihn zu den allerhöchsten Stufen der Transformation, der Heilung und der Vollkommenheit führen.

22. Neue Muster bilden (Re-patterning)

Wir alle kennen die physischen Wirkungen von Gefühlen. Wenn wir verwirrt oder verärgert sind, spüren wir oft einen Druck in der Solarplexusgegend. Wir können tatsächlich spüren, wie Zorn im Körper aufsteigt, bevor wir explodieren. Tiefe emotionale Schläge können dazu führen, dass der Magen sich anspannt und sauer wird. Anhaltender seelischer Stress kann weit reichende physische Nebenwirkungen verursachen. Appetitlosigkeit oder Esssucht, Konzentrationsschwäche, Herzprobleme, Muskelverspannungen und Kopfschmerzen sind nur einige der Symptome, die als Folge von emotionalen Verletzungen auftreten. Im schlimmsten Fall kann das Nervensystem völlig zusammenbrechen. Lang anhaltende emotionale Belastungen können langfristige Auswirkungen auf den Körper haben, die tatsächlich auch den Alterungsprozess beeinflussen.

Mit emotionalen Belastungen meine ich nicht nur Ärger und Stress. Viele von uns machen als Kinder oder Teenager unangenehme oder sogar erschreckende Erfahrungen, wenn die Psyche für äußere Einflüsse besonders anfällig ist. Allzu oft werden diese Erlebnisse nicht artikuliert, sondern unter die Schwelle des bewussten Gedächtnisses verdrängt. Diese emotionalen Herausforderungen beeinflussen die Art und Weise, wie sich sowohl in psychologischer als auch in physischer Hinsicht Kinder und Jugendliche zu Erwachsenen entwickeln.

Wenn wir tiefe ungelöste emotionale Konflikte als Keime von körperlichen Symptomen betrachten, können wir uns vorstellen, wie emotionale Belastungen das Altern beeinflussen. Dieser enge Zusammenhang zwischen Emotionen und körperlicher Entwicklung ist eine Art von »Patterning« (Bildung von Verhaltensmustern) – eine Prägung von Bahnen, in denen alte Emotionen im physischen Körper »sitzen« und unser Leben Tag für Tag beeinflussen.

Die Muster, die wir während der Kindheit, der Pubertät, der Teenagerjahre und bis ins Erwachsenenalter hinein entwickeln, können sich zu einem Käfig von physischen Reaktionen zusammensetzen, die Krankheit und Unbehagen verursachen. Viele psychologische Methoden wurden entwickelt, um diese Muster aufzulösen und die Betroffenen von ihren Leiden zu befreien. Was zum Beispiel die Schule der somatischen Psychologie versucht, ist so genanntes »Re-patterning«, das heißt, neue Muster von emotionaler, psychologischer Interaktion mit dem Körper zu bilden.

Bei der Arbeit mit einer Gruppe von Therapeuten für körperorientierte Psychotherapie in Kalifornien entdeckten wir, dass die Hsin-Tao-Techniken neue Muster zu bilden scheinen, während sie die unterbewussten Ursachen für physische Beschwerden automatisch verarbeiten. Sogar im heutigen Shaolin-Kloster, das unter der Regie der kommunistischen Partei steht, werden manche dieser Bewegungen immer noch dazu eingesetzt, um Emotionen auszugleichen und Kampfkünstler von problematischen seelischen Konflikten wie Ärger, Depression und Unzufriedenheit zu befreien.

Um es noch einmal zu sagen, Re-patterning geschieht bei der Hsin-Tao-Arbeit als natürlicher Heilungsprozess. Während das Re-patterning verdrängte Gefühle wie emotionale Verletzungen, Depressionen, Ärger oder Groll aufdeckt, kann es sein, dass eine Zeit der Anpassung erforderlich wird. Obwohl Hsin Tao offenbar tiefere Schichten verdrängter Emotionen aufdeckt und verarbeitet, scheinen die emotionalen Auswirkungen dieser Prozesse deutlich abgeschwächt zu werden, wenn man fortfährt zu üben, auch wenn es zunächst abwärts zu gehen scheint. Auf einer gewissen Stufe erreichen die Gefühle jedoch einen auf Dauer ausgewogenen und stabilen Level, und die Arbeit des inneren Wachstums kann weitergehen, ohne dass es zu größeren emotionalen Schwankungen kommt.

23. Selbstständigkeit

Zwei meiner Klientinnen leiden, wie bereits erwähnt, unter einer Kombination von Lupus und Fibromyalgie. Die Prognose für beide Krankheiten ist Degeneration, die man durch starke Medikation zu verlangsamen sucht. Beide Klientinnen waren schon lange Zeit von Ärzten und medikamentöser Behandlung abhängig. Jede Form von körperlicher Betätigung ermüdete sie, sodass Versuche, fit zu bleiben, schwierig, wenn nicht unmöglich waren. Änderungen der Ernährung verursachten häufig Probleme, weil die Neigung zu Blähungen, Nahrungsempfindlichkeit und Verdauungsstörungen diese Krankheitskombination begleiten. Jede Nachlässigkeit bei der Diät oder sogar ein Wetterumschlag verursacht Symptome, welche die Ärzte als »Aufflackern« bezeichnen – ein Aufflackern von Symptomen, das den Patienten geschwächt und oft auch deprimiert zurücklässt. Schlaf ohne Medikamente ist für diese Menschen schwierig; und das Aufwachen am Morgen ist häufig genauso problematisch, wie Schlaf zu finden.

Beide Klientinnen kamen zu verschiedenen Zeiten zu mir. Sie hatten Schwierigkeiten, die Bewegungen zu koordinieren, als ich ihnen die Übungen zeigte. Es gab jedoch für beide eine Reihe von positiven Ergebnissen. Jede wählte die Übungen, die ihr am besten passten. Sie übten sporadisch, aber mindestens einmal wöchentlich. Beide begannen bald, sich ruhiger zu fühlen. Während des folgenden Jahres besserte sich der Zustand der einen Frau trotz der schlechten medizinischen Prognose, während die andere die Übungen einfach weitermachte, um ruhig zu bleiben und ihre Schmerzen zu lindern. Obwohl sie Taijiquan, Qigong und Yoga geübt hatte und als Psychologin wusste, was man bei Panikanfällen und Depressionen tun kann, hatte sie ausschließlich durch Medikamente Erleichterung gefunden, bis sie Hsin Tao kennen lernte. Die andere Klientin stellte fest, dass sich ihr Allgemeinzustand in vielen Bereichen besserte, während beide übereinstimmend beklagten, dass alles, was sie sonst versucht hatten, ihre Symptome zum »Aufflackern« gebracht und sie ermüdet hatte.

Für die zweite Klientin trat die deutlichste Besserung beim »Aufflackern« ein. Sie fand, dass es nach einem Jahr nicht allzu regelmäßigen Übens weniger dramatisch war und schneller verging, als sie sich jemals erinnern konnte. Ihre Fähigkeit, emotionalen Stress zu ertragen, hatte sich wesentlich verbessert, und sie entdeckte einen inneren Frieden, den sie als »Öffnung des Herzens« beschrieb.

Beide Frauen berichteten mir unabhängig voneinander, dass das Schönste an der Hsin-Tao-Arbeit ein Gefühl der Unabhängigkeit war. Plötzlich fühlten sie sich nicht mehr auf andere Leute angewiesen. Sie konnten etwas für sich selbst tun, von sich aus, an einem selbst gewählten Ort, wann immer es ihnen passte. Dieses Gefühl der Unabhängigkeit gab beiden den Mut weiterzumachen, wenn sie damit zu kämpfen hatten, ein so verzweifeltes und hartes Leben weiterzuführen.

Vor Beginn der Hsin-Tao-Arbeit sagten sie mir, dass sie so vorsichtig mit allem sein müssten – Übungen, Nahrung, Umwelt, Aktivität in jeder Form –, dass sie lieber darauf verzichten wollten, Hsin Tao auszuprobieren. Doch nun hatten sie das Gefühl, etwas in der Hand zu haben, das ihnen helfen konnte, selbst wenn es nur dazu diente, sie in einen Zustand der Ruhe zu versetzen.

Sicher hatte ich ähnliche Erfahrungen gemacht, als ich mit den Folgen des Postpoliosyndroms zu kämpfen hatte. Während ich mich im Allgemeinen als hilfloses Opfer der Krankheit gefühlt hatte, stand mir auf einmal ein Werkzeug zur Verfügung, das ich verwenden konnte, ohne mir zu schaden. Die Freiheit und der Optimismus, die dies erzeugte, waren eine erstaunliche Erfahrung. Obwohl die erste Klientin bei ihren Beschwerden keine deutliche Besserung verspürte, fand sie Frieden und Optimismus, weil sie endlich etwas für sich tun konnte. Die Ergebnisse waren bescheiden, aber besser als bei allem, was sie sonst versucht hatte. Mit der Unabhängigkeit kam ein Optimismus, der seinerseits neue Lebensfreude weckte. Diese neue Einstellung wirkte Wunder. Beide Klientinnen konnten fühlen, wie da etwas für sie arbeitete, und sie konnten es selbst in Gang setzen, ohne es perfekt machen, ohne viele Stunden üben und sich erschöpfen zu müssen. Dabei war es nicht nötig, eine spezielle Ausrüstung zu kaufen oder an einem besonderen Platz zu üben. Das Gefühl der Unabhängigkeit breitete sich auf andere Bereiche ihres Lebens aus, und beide Frauen erzählten mir von ihrem zunehmenden Interesse an anderen Aspekten der Selbstheilung und anderen Künsten.

Wenn die Wirkung von Hsin Tao einzig und allein darin bestünde, einem das Gefühl von Unabhängigkeit, Selbstvertrauen und Hoffnung auf die Zukunft zu geben, dann wäre es schon allein deshalb eine großartige Praxis.

Selbstständigkeit bedeutet natürlich mehr, als sich unabhängig von fremder Hilfe um seine eigene Gesundheit kümmern zu können. Es bedeutet auch, unabhängiger von vielen der Requisiten des modernen Alltags zu werden. Wir wissen, dass Stimulanzien wie Kaffee, Alkohol und Zigaretten oder auch Marihuana in unterschiedlichem Maße gewohnheitsbildend sind. Wir können uns eine Million Mal sagen, dass wir diese Dinge nicht brauchen und damit aufhören oder wenigstens ihren Konsum einschränken sollten. Tatsächlich aufzuhören und feste Gewohnheiten aufzubrechen, unabhängig davon, ob man körperlich süchtig ist oder nicht, ist in der Tat eine große Herausforderung.

In einigen Fällen habe ich beobachtet, wie Gewohnheiten einfach wegfallen, nachdem man Hsin Tao mehrere Monate lang regelmäßig geübt hat. Praktizierende können von äußeren Reizen unabhängig werden, nicht durch bewusstes Bemühen, sondern einfach, weil sie sich in ihrem Innern besser fühlen. Die dabei erfahrenen Veränderungen sind so subtil, dass die Betroffenen oft nicht einmal merken, dass sie etwas »aufgegeben« haben, nachdem sie die Gewohnheit schon weit hinter sich gelassen haben.

Leute haben mir erzählt, dass sie einfach vergaßen, Zigaretten zu rauchen oder Kaffee zu trinken. Ein Mann sagte mir, er habe erst nach zwei Wochen gemerkt, dass er keinen Kaffee mehr trank. Er hatte es einfach vergessen. Er war ihm nicht einmal aufgefallen, dass er nun Wasser statt Kaffee trank. Sein Energiepegel war höher als zuvor, und er hatte nicht mit Entzugserscheinungen wie Reizbarkeit, Kopfschmerzen oder Müdigkeit zu kämpfen.

Erst kürzlich besuchte mich ein Klient und erzählte mir, wie er seine Ernährung völlig umgestellt hatte. Der Grund war nicht, dass er beabsichtigt hatte, gesünder zu essen. Er erklärte, dass seine Geschmacksknospen nun einfach die Dinge ablehnten, die er gewöhnlich aß. Nach ein paar Monaten stellte er fest, dass er ein großes Bedürfnis nach Rohkost hatte. In der Zeit bis zu meiner Rückkehr nach Amerika hatte er völlig neue Essgewohnheiten entwickelt. Er hatte acht Monate lang regelmäßig jeden Tag geübt und berichtete mir, wie er in fast jedem Aspekt seines Lebens Veränderungen beobachten konnte. Er war nun in der Lage, seine Angestellten mit weniger Stress zu führen; er konnte sich mehr Freizeit gönnen; er hatte sein Tempo verlangsamt, war dabei aber produktiver geworden; und was am überraschendsten für ihn war: Er hatte seine Ernährung umgestellt. Dies alles bemerkte er erst im Rückblick. Er hatte sich nicht bewusst vorgenommen, irgendetwas davon zu tun. Seine Angestellten hatten ihn auf diese Veränderungen aufmerksam gemacht, indem sie kleine anerkennende Bemerkungen machten. »Junkfood« findet er jetzt geschmacklos und widerlich, während er, als ich mit ihm zu arbeiten begann, kein Problem damit hatte, seine tägliche Ration am ewigen amerikanischen Fastfood und an Snacks zusammen mit großen Rindfleischportionen zu konsumieren. Seine Geschmacksknospen hatten seine Einstellung geändert, und er sagte mir, dass er sich jetzt gesünder und ruhiger fühle als je zuvor.

Diese Wirkungen zeigen sich nicht bei jedem, aber bei denen, die es brauchen, balancieren sich Gewohnheiten aus; ihr Leben kommt wieder ins Lot, sofern sie beständig üben. Statt mit Zigaretten, Alkohol, Kaffee, Marihuana oder Junkfood durch den Tag zu kommen, entdecken viele Leute, dass ihnen gute Nahrung und gutes Wasser völlig genügen. Sie beginnen auf einer fundamentalen Ebene zu erkennen, dass Glück und Zufriedenheit nicht von irgendwelchen Stimulanzien abhängen. Diese Qualitäten kommen von innen.

Wenn der Körper seine Gewohnheiten wirklich ändern will, kann er das ganz leicht tun. Er braucht eigentlich nur den Verstand über diese Absicht zu informieren. Glücklicherweise können wir dann beobachten, dass eine Art automatische Veränderung eintritt, die dafür sorgt, dass wir uns besser fühlen und beim Übergang keine Probleme haben.

Ich habe beobachtet, wie Hsin Tao dies bei einigen Menschen im Stillen bewirkt hat. Es scheint sie weit gehend von den Einschränkungen durch ihre Gewohnheiten und der Abhängigkeit von äußeren Dingen befreit zu haben. Der Preis, den sie zu bezahlen haben, ist natürlich die Zeit, die sie in das Üben investieren. Wenn sie regelmäßig und sanft praktizieren, kann es zu Veränderungen kommen, die ihre Persönlichkeit stärken und sie von Gefühlen der Abhängigkeit und der Hilflosigkeit befreien. Eine solche Veränderung hat weit reichende positive Auswirkungen auf jeden Aspekt des täglichen Lebens.

Hsin Tao ist uns in vielen Fällen ein Werkzeug zu Selbsthilfe, Unabhängigkeit und positivem Handeln. Es kann uns helfen, fest eingeprägte emotionale Muster und tief verwurzelte Gewohnheiten zu ändern. Durch sanfte Wiederholung wird es den meisten Übenden gelingen, von inneren Einschränkungen aus der Vergangenheit unabhängig und frei zu werden.

24. Ausblick

Was in diesem Buch vorgestellt wird, ist nur die erste Stufe von Hsin Tao. Doch selbst wenn dies alles ist, was der Schüler lernt, können die Veränderungen und der potenzielle Nutzen enorm sein. So gesehen ist es nicht unbedingt notwendig, sich noch weiter in die Technik zu vertiefen, aber die Möglichkeiten gehen weit über den Rahmen dieser Einführung hinaus. Doch wie der menschliche Verstand nun einmal funktioniert, braucht er ständig weitere Stimulation, um sein Interesse und sein Engagement lebendig zu halten. So gibt es für diejenigen, die ihr Wissen erweitern und vertiefen möchten, eine Menge Anreize, um sie zu weiterem Lernen zu ermuntern.

Es gibt verschiedene Stufen der fortgeschrittenen Hsin-Tao-Praxis, die jeweils auf der Beherrschung der vorhergehenden Übungsstufe basieren. Bevor man zur nächsten Stufe weitergeht, ist es erforderlich, dass der Körper alle bisherigen Bewegungen begriffen und integriert hat. Dies wird dadurch erreicht, dass man den Körper durch wiederholtes Üben trainiert. Sobald der physische Körper die Anfangsserie der Hsin-Tao-Übungen beherrscht, kann man die Praxis verfeinern und zur nächsten Stufe der Arbeit fortschreiten. Insgesamt gibt es vier Stufen fortgeschrittener Hsin-Tao-Arbeit, bevor man schließlich in die zentrale Hsin-Tao-Form eingeführt wird. Dabei handelt es sich um eine zwanzigminütige Übungsfolge, die im Sitzen ausgeführt wird und die gesamte Energiedynamik der vorhergegangenen Übungen (im Stehen und im Sitzen) einschließt. Diese letzte Stufe von Hsin Tao eröffnet uns Einsichten in alle Aspekte des Lebens.

Während man Fortschritte bei der Hsin-Tao-Praxis macht, kommt man an einigen Wegweisern vorbei. Keine dieser Stufen kann wirklich erklärt werden. Sie müssen erfahren werden. Der Lehrer kann diese Erfahrung dann als authentischen Zugang zu den höheren Aspekten verifizieren. Der erste Wegweiser besteht im »Kreisen der Energie« und in den »heißen Händen«. Der zweite wird als »das goldene Licht sehen« beschrieben. Danach »blicken Sie Ihrem eigenen Geist ins Angesicht«. Ein weiterer Wegweiser »erzeugt Nektar«. Der letzte ist das »Hinausgehen«. Wenn man Hsin Tao bis in seine tiefsten Ebenen verfolgen möchte, ist es ratsam, mit einem qualifizierten Lehrer zu arbeiten. Vieles beim Hsin Tao lässt sich nämlich nur mündlich und energetisch vermitteln. So tief man auch mit der Technik gehen mag, sie basiert stets auf einfachen, wiederholten Bewegungen – mit einer einzigen Ausnahme, der zentralen und abschließenden Übung, die eine komplexe Abfolge von Bewegungen im Sitzen ist.

Die Übungen im Stehen verzweigen sich in drei Richtungen. In diesem Buch werden die Grundbewegungen aller drei Richtungen vorgestellt. Das sind im Wesentlichen:

1. Vorwärts-/Rückwärtsbewegung auf vertikaler Ebene;
2. Kreisen auf horizontaler Ebene; und
3. Kreisen von einer Seite zur anderen auf vertikaler Ebene.

Die fortgeschrittenen Bewegungen führen das weiter aus, während sie die zentrale Kreisbewegung beibehalten.

Wenn wir zu den fortgeschrittenen Stufen weitergehen, kommt es einerseits zur Heilung, andererseits beginnt sich im Übenden eine Art ekstatisches Bewusstsein zu öffnen. Angeborene Talente sowie versteckte Potenziale werden geweckt. Man beginnt, sich nach innerem Frieden zu sehnen und festzustellen, dass er während des ganzen Tages anhält.

Nach meiner Erfahrung und den Zeugnissen anderer Praktizierender ändert sich nicht nur das innere Leben, sondern auch die äußeren Verhaltensweisen ändern sich und sorgen für harmonischere und aufbauendere weltliche Umstände. Alle Praktizierenden, die individuell mit mir gearbeitet und regelmäßig zweimal am Tag geübt haben, haben von ähnlichen Entwicklungen und Erfahrungen berichtet. Sie haben nicht nur ihr Innenleben physisch, mental und emotional verbessert; auch ihre Lebensumstände haben sich neu ausgerichtet, um Transformation zu ermöglichen. Durch Hsin Tao kann es dazu kommen, dass der Beruf harmonischer wird oder man sogar eine neue Tätigkeit findet, die familiären Beziehungen sich in positiver Weise verändern, die finanzielle Situation sich verbessert, neue Freunde auftauchen – häufig im Sinn einer umfassenden Bewegung zu mehr Harmonie und Gleichgewicht. Auf den fortgeschrittenen Stufen von Hsin Tao dürfte Einsicht das größte Geschenk sein, das uns diese Übungen bringen – Einsicht in das Wesen des eigenen Selbst und der Welt.

Natürlich sind all diese Gaben überall und bei allen Menschen latent vorhanden. Alles, was wir brauchen, ist der Schlüssel, der uns den Zugang öffnet und uns die Möglichkeit gibt, unser wahres Selbst zu verwirklichen. Natürlich ist es nicht jedermanns Sache, die Hsin-Tao-Praxis bis zu ihrem Höhepunkt weiterzuführen. Hsin Tao kann auch einfach dazu genutzt werden, gute Gesundheit zu erreichen und einen umfassenden Heilungsprozess im menschlichen Organismus in Gang zu setzen. Doch wenn man weitergehen möchte, um die Tiefen zu erkunden und bis zu den Stufen der Unsterblichen zu vorzudringen, so ist dies durchaus möglich.

Je mehr wir üben, desto ruhiger wird unser Geist. Je ruhiger der Geist wird, desto klarer wird unsere Selbsterkenntnis. Wenn wir still und klar sind, können wir mehr spirituelles Licht empfangen. Damit können wir uns nicht nur selbst heilen, sondern auch die Menschen um uns herum. So kann das kostbare Juwel des Hsin Tao sein heiliges Licht in die ganze Welt aussenden.

Über den Autor

Der Australier war sein Leben lang von schwerer Krankheit gezeichnet und begann deshalb schon als Jugendlicher damit, seine Gesundheit durch Yoga, Meditation und vegetarische Ernährung positiv zu beeinflussen. All dies vermochte ihn jedoch ebenso wenig von Grund auf zu heilen wie die ständige medizinische Betreuung durch Spezialisten und in diversen Kliniken. Erst die Begegnung mit Hsin Tao ließ ihn gesunden. Er lehrt heute weltweit die Übungen, die ihn selbst von schwerer Krankheit befreit haben.

Aktuelle Informationen finden Sie auf der Homepage: www.hsintao.com

Kontakt mit Hsin Tao Europe:
gebührenfrei über die Telefonnummer: ++ 49 - (0)7 00 - 65 46 54 44